怪談四十九夜
鎮魂

黒木あるじ
監修

竹書房文庫

まえがき

黒木あるじ

監修役を再び拝命しつつ、違和感を拭えずにいる。

もちろん今回ご参加いただいた書き手の作品にはすべて目を通しているし、本作のテーマやコンセプトについても事前に何度か打ち合わせをおこなっている。それでもなおこの肩書きに戸惑いをおぼえるのは、私のスタンスが監修というよりは一読者に近いからかもしれない。

つまり「監たい」のではない。「見たい」のだ。「観たい」のだ。

未だ知られざる怪異譚の数々、そしてそれらを鮮やかな筆致で綴った掌編を、私は純粋に観客として読み、震え、愉しみたいだけなのだ。

我ながらなんとも心許ない泣き言ではあるが、「そんな読者目線が良い方向へ作用するだろう」と信じているのもまた事実だ。根拠がないわけではない。本作執筆者のラインナップを見てもらえれば、「私が出張らずとも恐ろしい一冊になるのは間違いないさ」と楽観する理由も、容易にご理解いただけるかと思う。

個々の作家に関しては私がいまさら補足する必要もないだろう。いずれも怪談実話最前線を疾る猛者ばかり、取材力・筆力ともに折り紙つきの布陣である。声をかけた人間の責任として自作のいくつかを載せてはみたが、佳作秀作に囲まれて、なんとも肩身のせまい思いである。

面白いもので、似たような話であっても各々の着眼点によってその趣は千変万化、作品の手ざわりはまるで異なってくる。「怪談実話とは、まさしく語り手と書き手の共同作業であるのだなあ」などと改めて思い知っている次第だ。とはいえ、語り手と書き手だけでは怪談実話は完成しない。この本を手に取り、おそるおそる頁をめくる読み手……そう、あなたこそが怪異のバトンの終着点、怪談の行き着く先なのだ。

「四十九」という不吉きわまる数字に彩られた奇妙で不思議な話の数々を、長い夜のお供として楽しんでいただけたなら、嬉しく思うばかりだ。

では、そろそろ宴をはじめようではないか。

この夜が無事に明けることを願いつつ。

目次

神薫

我妻俊樹

百目鬼野干

あぶない

十数年前、広告代理店を営む村上さんが、部下のデザイナーを伴って道玄坂へ商談に出かけたときのことだ。

昼過ぎに打合せが終わり、自社へ戻るため山手線渋谷駅のホームへと上がった。平日の渋谷駅は人影も疎《まば》らで、乗車位置の先頭で電車の到来を待つことにした。

——と、ふと線路側の看板に目が留まった。

普通の広告看板だが、なぜかその上に手のひらの跡が付いていた。

大きさは幼児のそれで、肉質の柔らかそうな、ふっくらとした白い手形だ。

そんなものが、暗い配色の看板に、まっすぐ上へと向かって幾つも並んでいる。

まるで垂直な看板の上を、幼児が「這い這い」したような痕跡だった。

〈……いたずらか？　それにしちゃ、随分手が込んでいるな〉

村上さんは線路側に近づきつつ、看板を凝視したという。

職業柄、そのいたずらが妙に気になっていた。

「あぶないですよっ！」

いきなり、片腕を部下に鷲掴《わしづか》みにされた。

そのまま上体を引っ張られ、自然と視線が足元に向く。

プラットホームの下から子供が上半身を乗り出し、足首を掴もうとしていた。

上目遣いに、ニタニタと悪意のある瞳を向けている。

「うわっ！」

思わず、後ろへ飛び下がった。

その拍子に姿勢を崩し、たたらを踏んで見返すと――すでに子供はいなかった。

「あっ、あの子はっ⁉」

村上さんは、つい先ほど足元にいた子供の姿を捜した。

だが、部下がそれを制止し、ゆっくりとがぶりを振る。

「……もう、いませんよ」

彼が言うのと同時に、外回りの電車がホームに滑り込んできたのだという。

「きっと……あれは罠だったんだろうな。もう一度見直したら、看板に付いていた手のひらの跡も、きれいに消えていたよ」

聞くと、同行した部下はああいう気味の悪いものをたまに見るのだという。生まれつきの体質だと、彼はしかめっ面に説明した。

その翌年、部下は村上さんの会社を辞め、別の会社へ転職した。同業他社からの、強引な引き抜きだったそうだ。

月日が流れ、つい最近、村上さんは業界の集まりでその元部下の消息を聞いた。

なんでも彼は、転職を重ねた挙句、人間関係に悩んでノイローゼとなり、走行中の電車に飛び込んだのだという。

渋谷駅のホームだった。

とりかえっ子

都内で小料理屋を営む恵子さんから聞いた話だ。

昨年の晩夏、恵子さんは東北のとある観光ホテルに湯治《とうじ》へ出かけた。

彼女の妹も誘い、姉妹二人きりでの一泊二日の小旅行だったという。

「たまたまその日に休みが取れたから行ったんだけど、料理は手が込んでたし、ホテルのサービスも良かったわ。……でも、ひとつだけ気になることが起こったのね」

その夜、ホテルの夕食を楽しんだ彼女たちは、寝る前にもう一度風呂に浸かろうと、一階へ降りたのだという。

「あらっ、空《す》いてるじゃない」

露天風呂に出ると、他にお客さんはいなかった。

仄《ほの》かに調光された湯殿はしんと静かで、上空には濡れそぼるように満天の星々が散りばめられている。

通り抜ける微風に夏草の匂いを感じながら、ふたりは洗い場で身体《からだ》を流したという。

そのとき突然、「きゃっ!」と、妹が小さな悲鳴を漏らした。

「やだっ、いま脱衣所から男の子が顔を出してた」と、妹が身を縮こませる。

「えっ……でも子供でしょ? じゃあ、お母さんと来てるんじゃないの?」

「わかんないけど、ちょっと大きな子だった……なんか嫌よ」

妹が気にしているので、「じゃあ、早く湯船に浸かりましょうよ」と急かした。

やがて、年配の女性客がぞろぞろと入ってきた。

その後ろを、ひとりの男の子がついてきたのだという。

年の頃は十歳くらいだろうか、まだあどけなさの残る幼い顔つきをしている。

しかし、言われると確かに、背丈がひょろりと長く、体格もどこか大人染みていた。

「そうねぇ、女湯に入れていいかどうか、微妙な子だったかなぁ。でも、先に入ってきたおばさんたちの中に、あの子のお母さんがいるんだろうと思って」

男の子はニコニコと微笑《ほほえ》みながら、湯船の中を行ったり来たりしていた。

その様子にいかがわしさは感じないが、裸でウロチョロとされるのには閉口した。

「もう出ようか」

ふたりとも落ち着かなくなり、早めに上がることにした。

脱衣所で浴衣を着直し、部屋に戻ろうとエレベーターに乗る。

だが、扉が閉まる寸前、件《くだん》の男の子が駆け込んできて、間も置かずに三階で降りていったという。

「あれっ？　て思ったの。だってそこの三階って、大広間の宴会場だけで、客間はなかったのね。それに、お母さんと一緒にお風呂にきてるって思っていたから」

もしかしたら従業員の子供なのかもしれないと考えたが、だとすると、わざわざ女湯に入ってくる理由がわからない。

「気持ちの悪い子だね」と言うと、妹は黙って頷《うなず》いた。


翌朝、ホテルの朝食はバイキングだった。

恵子さんは料理を皿に盛りながら、昨晩の子供がいないか食堂を見回したという。

何をするつもりでもないが、親の顔ぐらいは見てみたいと思っていた。

すると、窓際の四人掛けのテーブル席に、若い男女と座るあの男の子の姿を見つけたのだそうだ。

男の子は、料理を気怠《けだる》そうに抓《つま》む両親の間で、無邪気な笑顔を浮かべていた。

「それ見て『ああ、やっぱりね』って思ったわ。親が随分若いっていうか、茶髪で、見た目ヤンキーっぽかったのね。きっと、子供なんかほったらかしなんだって」

多少のいら立ちを感じはしたものの、それ以上の詮索はせず、その場を離れたのだという。


朝食の後、身支度をしてチェックアウトにおりたときのことだ。

フロントから玄関へと向かう一組の家族を目に留め、思わず息を呑んだ。

中年の両親と小さな女の子――そして、あの男の子が仲良く連れ立っていた。

先ほど食堂で一緒だった若い男女とは、まったく違う父母だったのである。

男の子は父親に手を引かれて、ニコニコと笑いながら歩いている。

傍から見ると、ごく普通の家族にしか見えなかった。

「……びっくりして、その家族がタクシーでホテルを離れるまで、ずうっと目で追っちゃったわよ。だってその子、凄く自然に『家族』になっていたから。……でも、確かに朝食のときには、全然別の人たちと『家族』やっていたんだけど」

隣で目を見張っていた妹が、「……あっちが、あの子の家族？」と呟いた。


そして帰りの特急列車の中。

手洗いに立った恵子さんは、途中の指定席であの男の子の姿を見掛けた。

向かい合わせの四人席に、初老の男女に囲まれ楽しそうに笑っていたという。

車両を探したが、ホテルで一緒だった他の家族は、どこにも見当たらなかった。

「優しそうな年配の女性が、冷凍ミカンを剥《む》いてあげていたわ。……でもあれって、一体どういうことなのかしら？　だって私が見ただけで三回、家族を取り替えていたのよ、あの子」

踵《きびす》を返して自席へ戻ったが、妹にあの子を見たとは言わなかった。

そして、そのまま帰宅して旅行を終えたのだという。

「きっとあれは、色んな家族を渡り歩く『子供』なんだって思うの……多分、今もね」

恵子さんは、またいつかどこかの旅先で、あの男の子に出会うような気がしている。

ホワイトアウト

「私ね、花嫁のウエディングドレスって、あんまり好きじゃないの。小さいときに、すごく嫌な体験をしたから」

花澤さんは、都内のブランドショップに勤める長身美形の女性だ。

そんな彼女が、まだ小学生だった頃の体験を教えてくれた。


当時、花澤さんの家族は団地で暮らしていた。

また、中庭を挟んだ向かいの住居棟には、父方の親戚家族も住んでいたそうだ。

「親戚の家にはユキオくんっていう従兄弟《いとこ》の男の子がいたのね。年も近かったから、よく一緒に遊んだわ。その家とは家族ぐるみで仲がよかったし、お互いが自分の家みたいに行き来してたの」

ある日、花澤さんは遊びに行こうとして、血相を変えた母親に呼び止められた。

聞くと、ユキオくんが大怪我をしたと連絡があったらしい。

「様子を見に行くから、あんたもついて来て」

急いで駆けつけると、親戚の部屋の前に近所の大人たちが集まっている。

「近所のおばさんが、階段で倒れていたユキオくんを見つけたって言うのね」

やがて救急車が到着し、ストレッチャーに乗せられたユキオくんが部屋から搬送されていった。

彼の左側の顳顬《こめかみ》に当てられたガーゼが、赤く滲《にじ》んでいたという。

「でも、すぐにお母さんが『ユキオちゃん、少し頭を切っただけで、他はなんともないから』って、教えてくれたの。病院に行けば、すぐに治るって」

ただ、ユキオくんのお母さんだけでは心配だからと、彼女の母親も一緒に病院へ行くことになったのだという。

「あんたは、家に帰ってじっとしていなさい」と言いつけられた。

近所の人たちも、三々五々、自分の部屋へと帰っていく。

ひとりで廊下に取り残された花澤さんは、いまさら外で遊ぶ気にもなれず、素直に母親の言いつけに従うことにした。

「だけど、なんとなく自分だけ蚊帳《かや》の外に置かれたような気がしたのね。私だって心配しているし、心細いのに、誰も構ってくれないって……まぁ、子供だから」

とぼとぼと階段を下っている途中、少し気持ちが逆立った。

〈あたしだけ、仲間外れだ〉と、遣り切れない感情が沸々《ふつふつ》と湧く。

「えいっ！」

花澤さんは思いつきで階段を、四段ほどジャンプして降りた。

軽い、憂《う》さ晴《ば》らしのつもりだった。

――その瞬間、目の前が真っ白になった。

それっきり、彼女の意識は途切れたのだという。


目を覚ましたとき、なぜか自宅のドアの前に寝そべっていた。

片方の頬に、コンクリートのひんやりとした冷たさが残っている。

自分に何が起ったのか理解できず、花沢さんは困惑した。

「意味がわからなかったの。だって階段を下った途中から、全然記憶がなくなっていたのよ。でも、親戚の棟は離れてるし、誰かに運んで貰わないと戻れないんだけど」

廊下を見回したが、誰もいない。

部屋に戻って洗面台の鏡を見ると、額の左側が赤く腫れているのに気づいた。

「別に血は出てなかったし、どこかにぶつけた感じでもなかったのね。でも、赤い部分が広くて、額から顳顬までが薄く痣《あざ》みたいになっていたわ」

それから数時間後、母親が戻ってきた。

「取り敢えず、心配ないから」という、そっけない返事しか聞けなかったという。


その晩、花澤さんは真夜中に目を覚ました。

別段、尿意を催した訳ではなく、眠気はあるものの意識はハッキリとしていた。

隣の布団では、両親が寝息を立てている。

なぜ目が覚めたのかと不思議に感じ、暗い寝室をぐるりと見回す。

——誰かいる。

壁際に置かれた三面鏡に、人が映っていた。

それは、真っ白なウエディングドレスを纏《まと》った、若くて綺麗な女性だった。

女は花澤さんをじっと見つめながら、口元だけで嗤《わら》っていた。

見ると、女の顳顬には痣が広がっていた。

欠けたジグソーパズルのような、青黒い痣だったという。

怖くなり、隣で寝ている母親の方を向くと——母親が上半身を起こしていた。

そして花澤さんを見据えながら、ゆっくりと首を横に振った。

〈あれを、見ちゃ、だめ——〉

そう無言で訴えているのだと、直感した。

彼女は慌てて布団を被り、いつの間にか寝てしまったのだという。


翌日、母親に昨晩のことを聞いたが、うまく話をはぐらかされた。

そして数日後、なぜか親戚が別の団地に引っ越してしまったそうだ。

以来、あれほど親密だった家族付き合いが、まったく疎遠になったのだという。

その理由についても、両親は完全に沈黙を貫いた。

「結局、何にも教えてくれないのよ、うちの親って。でもね、後で気がついたんだけど、私が気を失ったとき、目の前が真っ白になったじゃない。あれって、あの女のウエディングドレスだったんじゃないかって思うのよ。だって普通、気を失うときって目の前が暗くなるでしょ？……それに、女の顳顬に青黒い痣があったのも、少し気になっているのよね」

数年後、久しぶりに会ったユキオくんの顳顬には、大きな青黒い痣ができていた。

それは、三面鏡の中で見た女の痣と、まったく同じ位置だったという。

「でね、ファンデーションで隠してはいるけど、実は私の顳顬にも少し痣が残っているの。もっとも、今は小さいシミみたいなものだけど……でも、そのうち大きくなって、あの女と同じになるんじゃないかって凄く怖いのね。……だから、そうなる前に結婚しちゃうつもりよ。そうね、結婚式は和風の神前式って決めてるわ」

そう言って、花澤さんは自嘲気味に微笑《ほほえ》んだ。

赤いゼリー

「見た目はさ、まるっきりイチゴのゼリーだったよ」

島崎さんは、都内のとある日本料理店の板場に勤める料理人だ。

先日、他愛ない雑談をしていたとき、「今まで食べた中で、変わった料理はなかったですか？」と尋ねたところ、ある料理について教えてくれた。

「田舎のじいちゃんの家で食べたんだよ。父方のね。俺がまだ小学生の頃だったなぁ。当時はさ、夏休みに四、五日、ひとりで田舎に泊まりに行ってたんだ……でね、その日の夕飯で、ばあちゃんが妙なものを大皿に盛ってきたんだ」

それは、切る前の出汁《だし》巻き卵ほどの大きさで、鮮やかな赤い色をしていたという。

全体がゼラチンのように透明で、大皿の上に四、五本が盛られている。

食卓に並べられた煮物や漬物の中にあって、とりわけその料理は奇抜に感じられた。

およそ、田舎の旧家で供されるとは思えない、カラフルなデザートのようだった。

「ただささ、そのゼリーっぽい料理、なんか動いていたんだよ。……いや、ゼラチン状だからって、揺すられて動いたってことじゃないよ。なんていうかな、それの表面がさ、蟲《むし》みたいにゾワゾワと勝手に震えていたんだ」

思わず島崎さんは「えっ、これってまだ生きてるじゃん」と声を上げた。

すると祖父が、熱燗を啜《すす》りながら「そうだ、凄いだろ！　これは、滅多《めった》に食べられるもんじゃないんだぞ」と、答えたのだという。

そして、大皿からその料理をひとつ抓《つま》むと、齧《かじ》りつくようにして頬張った。

「一瞬、そのゼリーが身を捩《よじ》ったように見えたんだ……さも、苦しげにね。でも、じいちゃんは、そんなことお構いなしでね」

傍らで、祖母もゼリーを貪っていた。

それを見ているうち、島崎さんも「俺も食べてみようかな」という気になった。

さすがに大きいのは気が引けたので、一番小さいゼリーに恐る恐る口をつけてみたのだという。

「それがさぁ、見た目と違って塩味だったんだ。それに、コリコリとした歯ごたえの、ほどよい食感だったのを覚えているよ。ただ、潮の香りや旨味をまるで感じなかったから、海の生き物ではないと思うんだ。それに、そいつを噛んでいるとさ、たまに口の中でもぞもぞと動くんだ……その感覚がちょっとね。だけど、俺はその頃から、なんでも食べる子だったから」

吐き出しはしなかったものの、二度目の箸をつける気にはなれなかった。

その代わり、島崎さんは祖父母に「これ、なんて料理？」と訊ねてみたそうだ。

すると二人は、咀嚼《そしゃく》したゼリーで口内を満たしたまま「〇※△チ⊠ッ」と、まったく聞き取れない言葉を呟いた。

結局、料理の名を確かめることはできなかったという。

「でね、じいちゃんの家から帰って、すぐに親父に聞いてみたんだよ。『じいちゃんの家でイチゴゼリーみたいな料理を食べたんだけど、あれなんて言うの？』って」

だが、父親は首を傾げながら「そんな料理、俺は一度も食べたことないぞ」と、にべもなく否定したという。

むきになって説明するほど、そんなものはあり得ないと笑われた。

「でもさ、俺は間違いなく食べたんだよ、あのゼリーを。だから、ずうっと気になっていてね。その次の夏休みに、もう一度じいちゃんに聞いたんだ。『去年、ゼリーみたいな変な料理を食べてたよね』って……」

すると祖父は「そんなのは知らん」と吐き捨てて、不快そうに顔を顰《しか》めたそうだ。

それから三十年ほど経つが、島田さんはいまだにあの料理が何だったのか、突き止めることができない。

妖精おじさん

付き合いの古い、上谷から聞いた話だ。

「ガキの頃のことなんだけどさ。あるときに、同じ団地に住んでる友達が『俺も妖精おじさんを見たぞ！』って駆け寄ってきたんだ」

上谷は小学生の頃、都内の公団住宅に住んでいた。

当時、団地には同世代の子供が沢山《たくさん》いて、仲の良い友達も多かったそうだ。

その内の一人が、得意げに上谷に話しかけてきたのである。

「でも、俺はその『妖精おじさん』って人のこと、何も知らなかったんだ。で、聞いたら、公団の一番端にある住居棟で、ときどき屋上の縁に変なおじさんが座っているって言うんだよ。だけど、そんな場所に座る馬鹿な大人がいるのかと思って」

半信半疑で確かめに行くと、なるほど、屋上に人影がある。

真っ黒のスーツに、黒い帽子を被った、全身黒づくめのおじさんだった。

「その日は真夏の猛暑日でね。あんな厚着をして、よくも炎天下にいられるもんだって感心したよ。でも、それ以外は普通のおじさんに見えたな。もっとも、座っている場所が場所なだけに、頭のおかしな人だとは思ったけどね」

『妖精おじさん』は、縁に腰掛けたまま足をぶらぶらと揺らしたり、時折背を反らして空を仰いだりしていた。

まるで緊張感のない、ふざけて戯《たわむ》れているような風情だった。

ただし、住居棟の下から見上げているので、顔つきまではわからない。

友達に聞くと『妖精おじさん』という名前は、子供たちが勝手に付けたものだった。

黒づくめのおじさんが屋上の縁で寝そべっていたり、楽しげに体を揺する姿を、何人かの子供が目撃したのだという。

ぴょんぴょんと、踊っているのを見たと言う子供までいた。

そんな噂が広まるにつれ、自然に『妖精おじさん』と呼び始めたのだという。

「当時テレビでさ、有名な影絵画家の作品が、子供向けのテレビ番組で使われててね。多分、影絵に出てくる妖精のイメージが、あのおじさんと重なったんだろうな」

もっとも、よく考えれば、その人は『妖精おじさんと』呼ばれているだけで、それ以上のものではなかった。

名前ほどに、ファンシーな姿でもない。

そんな訳で、数日もすると『妖精おじさん』に対する子供たちの興味は、急速に薄れていったという。

「だけど、俺はちょっと気になってね。元々そこの公団では、住民は屋上に登るのを許可されてなかったし、屋上に通じている階段もなかったんだ。だから、どうやってあの『おじさん』が屋上に登ってるのか、興味が湧いてさ」

調べてみると、住居棟の最上階には南京錠の付いた天窓（メンテナンスハッチ）があるだけで、それ以外に屋上への入り口はなかった。

その天窓も、修繕業者が点検に使うためのものらしい。

結局、上谷は屋上へ登る方法を見つけられず、謎の解明を諦めたのだという。

夏も終わろうかというある日、件の住居棟に複数の警察官が立ち入り、屋上の雨水抜きの側溝で男性の遺体を発見したのだという。

なんでも、酷い異臭と大量の蠅《はえ》を訝《いぶか》しく思った住民が、警察に通報したらしい。

その後、間髪入れずに、最上階の一室に住んでいた四十代の主婦が逮捕された。

彼女の部屋は、『妖精おじさん』が座っていた縁の、真下の部屋だった。

だいぶ後になって聞いた話だが、そこの夫婦には他に家族がおらず、普段から言い争い絶えなかったそうだ。しまいには、妻が夫を鈍器で殴って殺し、裸に剥いた遺体を脚立で持ち上げ、ベランダから屋上へ放り投げたのだという。

彼女は逮捕されるまでの間、平然とその部屋で暮らしていたらしい。

「近所でもノミの夫婦って有名だったらしいよ。奥さんの方が、随分ガタイがよかったって。……で、噂じゃ、殺された旦那の死体は、夏の間にずっと強烈な陽射しに晒《さら》されてたもんだから、焼け腐って全身が真っ黒になっていたらしいんだ。その上、頭を割られただろ。脳天からウジが湧いちゃって、床に吹きこぼれてたっていうんだよ」

警察官と一緒にそれを見た管理人は、知人に「まるで、蓋の開いた米櫃《こめびつ》を横倒しにしたみたいだった」と語ったそうだ。

「実際さ、殺された旦那が化けて出たんじゃないかって、噂も流れたけど……俺はちょっと、引っかかるんだよね。だったら、なんであの『妖精おじさん』は、あんなにも嬉しそうにはしゃいでいたのかってさぁ……でも、もしあれが旦那じゃなかったとしたら、一体何なんだろうね？」

暫くすると、公団住宅では事件があったことさえ話題に上がらなくなった。

その後、上谷は『妖精おじさん』の姿を見ていない。

同一事案

そこに至るまでの記憶と、その後の記憶はまったく無いと前置きの上で、T氏から伺った話である、これまで誰にも話したことがないとのこと。

T氏は当時小学校六年生、夏休みの夕方に、気づけば学校の飼育小屋の前にいた。側には近隣で見かけたことのあるお爺さんがいて、しきりにT氏の手を触り、揉み込むようにしてくる。

「しばらくそうされた後で、爺さんが『ちん毛生えてるか?』って訊いてきたんだ」

藪《やぶ》から棒な質問に戸惑《とまど》っていると、彼はT氏のジャージを掴んで下腹部に手を滑り込ませ、数秒弄《いじく》った後で思い切り陰毛を引き抜いた。

「俺はすっかりビビってしまって、声も出せなかった」

指先につままれた陰毛をフッと息で飛ばし「これじゃダメだな」と呟いて、老人は飼育小屋に向き直ると、餌やり用に切られた二十センチ四方の窓から中に手を突っ込んだ。

そして、中から一羽のウサギをつかみ出し、地面に叩きつけ始める。耳をつかまれ、何度もビタビタと打ち付けられたウサギは、ぐったりしたところを更に踏み付けられ、校庭の野球用バックネットに向かってポーンと投げ捨てられた。

老人は唖然とするT氏を睨《にら》みつけ「こどもとられるよりはいいだろう」と呟き、歩き去った。

夏休み中だったためか、それから騒ぎになった記憶はないという。

「何だったのかわからないんだが、そういうことがあったんだ」

以後、登下校の最中に野良仕事をしているその老人を何度も見かけたが、声もかけられなければ見向きもされなかった。

「俺が高校に入った頃に亡くなったようだ。一応警戒していたし、名前も知ってた」

現在、T氏の娘さんが同じ小学校に通っている。

最近では子供を狙った犯罪を防ぐため、不審者の情報が入ると親の携帯電話にメールで連絡が入る仕組みがあるそうだ。

「それでさ、数年前に『陰毛が生えているかと問われる事案が発生』っていう連絡が来た」

自分自身も同じ体験をしていたT氏は、慌てて娘を迎えに行った。

「やっぱあるんだなと思ってさ。気をつけないとなって」

連絡が入った次の日、小学校の校庭で猫の惨殺死体が発見された。

「けっこう騒ぎになって、ＰＴＡでも見回りのメンバー募ってね」

早急な対応が功奏したのか、それ以上のできごとは起こらなかった。

「個人的には、まぁ、一連のタイミングがね……あの爺さんはもう死んでいるんだけど、まるで後を継いだ人間が居るみたいで気持ち悪いんだよな、何なんだろうね」

諦めるしかない

その廃墟は〝道場〟と呼ばれ、G君の暮らす町では知る人ぞ知る心霊スポットだった。

もともと柔道場だったらしいと噂されていたが、その真偽は不明。

町外れの不便な立地にあることから「町中にできた空手道場に生徒を奪われたのを呪って自殺した道場主の霊が出る」という、閉口するしかない短絡的なエピソードを背景として、それを信じてしまえる短絡的な若者たちに人気だった。

当時、高校を卒業したばかりのG君もそんな若者の一人として、友人が購入した中古車に乗り込んでその場所へ肝試しに出かけた。男三人に女二人の五人編成。

中学高校と柔道部に所属していたG君は、その〝道場〟に道場破りを仕掛けるべく招集されており、ハナから道化役を期待されての参加。

現場に向かう車の中では「幽霊が攻撃してきたらどうする？」という問いかけに「奥襟《おくえり》とって腰ごと払いますね」などと真顔で答え、同乗者の笑いを誘っていい気になっていた。

着いた〝道場〟の周辺は鬱蒼《うっそう》としており、地面もぬかるんでいて足場が悪く、女の子たちは車を降りるのを拒否したので男だけで入口まで向かう。

覗き込んだ廃墟の内部は、確かに道場っぽく、部屋の隅に積み重ねられている数十枚の畳などを見るにつけ、確かに「柔道を教えていた風」ではあった。

予定通り、入口から「たのもーう」と叫んだG君だったが、当然返事はない。

連れ立ってきた二人の男は、その様子を見て大笑い。

肝試しというよりはコントに近く、G君もまったく怖さを感じていなかったが、再び「たのもーう」と叫んだ直後、思い切り足を払われて横倒しになった。

とっさに受け身を取ったが足元はぬかるみである、泥まみれになった彼を見て、一緒にやってきた男の一人が「やりすぎ」と白けた調子で言った。

結局、G君は汚れた衣類を脱がされ、車のトランクに積み込まれる形で、その場を後にした。

「そっからだな、何だか体に妙な力が入るようになってしまって、ことあるごとにバランスを崩すようになってしまったんだ」

そんなに力を入れた覚えはないのにドアを思い切り開けてしまう。強く踏み出したわけでもないのに体重が一方の足にかかり過ぎてしまう。ちょっと振り返っただけなのに体ごと後ろを向いてしまう。

そして、いずれの場合も転びそうになる。

「文字通り、体が崩れてしまう。だから俺は、道場破りの真似事をしてふざけたのが原因で、あそこの〝道場主〟に取り憑かれてしまったんじゃないかと考えたわけだ」

周りは信じてくれなかったが、あの日確かに足払いを掛けられた実感があった。

「ただ、あれ以来思い切り投げ飛ばされるなんてことはなかったから、こっちはこっちで稽古をつけてもらっているみたいな気分になってて、とにかく気を抜かずに、体を崩されないように心掛けて過ごそうとね、思って」

ガチガチの体育会系の人の言うことは時々わからないことがある。

G君曰《いわ》く「幽霊と師弟関係を結んだようなつもりになっていた」のだそうだ。

「怖いと思ったことは無かったんだ、むしろ体の隅々まで意識的に動かすことが増えたから、これを契機にもっと強くなってやろうみたいな気持ちで。ほら何とかの碁《ご》って漫画があったでしょ？」

昔の囲碁棋士に取り憑かれた少年が、それをキッカケに囲碁に目覚めるという漫画が流行《はや》っていた当時、間もなく二十歳になろうとする彼だったが、そんなつもりだったらしい。

しかし〝道場破り〟から一ヶ月程過ぎたある日、急ぎの仕事で町中を走っている際、G君は思い切り転倒し、車道に向かって倒れ込んだ。

目の前スレスレを、大型のトラックが走り抜けていく。

「出足払い、ちょうど体が半身になったタイミングを狙われた。車道に向かって転んだから、やっぱりこれ殺す気でいるなと思って、ゾッとして」

後日、お祓《はら》いを受けた。

柔道といえば投げ技だけでなく寝技もある、そっちはどうなのだろう？

「お祓いしてもらった後は、体を崩されたり投げられたりってことは無くなったんだけど、金縛りっつーか袈裟固《けさがた》めね、疲れた時なんかには未だにやられる」

首に手を回され、腕を取られ、胸の辺りに圧《お》し掛かられる。

「普通の試合だったらこう、尻を起点に体を回して相手の足に自分の足を絡めるようにして解くんだけど、幽霊だから足があんのかどうかもわからん。足をとれない袈裟固めはもう、諦めるしかないんだよ」

なので、諦めているという。

線の理解

Aさんという三十代の女性から伺った話。

彼女が小学生の頃、近所に幼馴染《おさななじみ》の女の子が住んでいた。

ある日の放課後、一緒に遊ぼうと約束し、いつものように彼女の家を訪ねたAさんだったが、玄関から何度呼びかけても反応がない。

不審に思い、勝手に家へ上がり込んで二階にある子供部屋を覗き込むと、尻もちをついたままのような格好で硬直している幼馴染がおり、その視線の先には窓際で首を吊っている彼女の父親の姿があった。

「それから間もなく引っ越しちゃって、連絡も取れなくなりました」

幼馴染の家は、それから五年程放置されていたが、やがて取り壊された。

以来、十五年もの間空き地となっていたその土地に、昨年家が建った。

引っ越して来たのはSさんという若い夫婦で、四歳の息子がいる。

Aさんもまた、既に結婚していて、同じく四歳になる娘がいる。

地元で就職し、職場で出会った男性を婿にとって実家暮らしを続けているAさんと、引っ越して来たS夫人はいわゆる「ママ友」として意気投合し、互いの家を頻繁に行き来する仲になった。

S家はコンクリート造の三階建てで、一階部分がガレージになっており、居住スペースは二階と三階にある。

「新築の家だし、窓も大きくて明るいんですよ、羨ましいなと思っていたんですけど……」

その日も、娘を連れて遊びに来ていたAさんは、S夫人から「見て見て」と紙の束を渡された。それはS家の長男の落書きコレクションとでもいうべきもの。

年齢に沿ってまとめてあるので子供の成長がそのまま反映されており、最初は滅茶苦茶な線のグルグル描きだったものが少しずつ形を持ちはじめ、最近になるにつれ動物や人の顔らしきものが見て取れた。

「ママだなぁって、私は最低限の育児に手一杯でそんなこと思いつきもしなかったから」

子供の落書きよりも、そんなものまでしっかりとアーカイブしているS夫人に感心しながら一ページ一ページを捲《めく》っていると、あるモチーフが繰り返し書き込まれていることに気づいた。

「『ええッ?』って思いました」

それは全身が描かれた棒人間の頭の付近から上に向かって、一本の線が引かれているという絵だった。

「他の絵はもっと幼い感じで、顔から手が生えてたり足が生えてたりっていうのも多いんですけど、その絵だけ何だか大人びていて、棒人間ながらも、ちゃんと人間の体のつくりになっているんですよね、だから余計浮いて見えちゃう」

S夫人は驚くAさんに気づいたのか「それ上手に描けてるでしょ? 何に見える?」と楽しそうに問うてきた。

うなだれるような頭の角度、だらりと弛緩《しかん》した四肢《しし》。

そして、上に伸びる一本の線。

丸と線だけで描かれた、そんな棒人間。

「ちょっと言葉に詰まっちゃって、何に見えるかって言われたら……」

曖昧《あいまい》に首を捻《ひね》るAさんに、S夫人は「それね、バカ殿だと思うの」と話した。

なんでも、S家の旦那は志村けんのバカ殿様が大好きで、暇さえあれば録画していたそれをテレビに流すのだそうだ。長男も一緒になって見ているため、きっとそうだろうとのこと。

「確かにね、頭から引かれた線が『ちょんまげ』に見えないこともないんだけれど……」

S夫妻にしてみれば、棒人間の頭から伸びる奇妙な線の説明として「ちょんまげ」をチョイスするのは自然な成り行きに思える。いつもの日常生活の中で、あえてそれに関連付けられるものがバカ殿だけだったと考えれば微笑《ほほえ》ましくもあるが、Aさんは違う。

朗《ほが》らかな様子で「教育上良くないかもしれないなぁ」などと話すS夫人とは裏腹に、彼女の脳裏に浮かぶのはあの日の光景。

「これ、首吊ってる人だよなと……もちろん言ってはいないですけれど……」

バカ殿なの？　と近くに来た本人に訊ねてみると何故か俯《うつむ》いて黙った。

一階がガレージになっているS家は、リビングが二階部分にある。

「だからちょうど、あの首つりがあった子供部屋の空間は、S家のリビングに含まれるんです。もっとも二十年も前の話だし建物自体取り壊されてますから、今更持ち出してどうなる話でもないんですけど……でもあの『空間』では、確かにずっと前に首吊りがあったんですよ」

S家の長男は、時々ボーっとその付近を眺めていることがあるという。

どうしても気になったAさんは、ある時「バカ殿描いて」と冗談めかして長男にリクエストしてみた。

出来上がったのは、口紅を塗ったパンダのような「バカ殿の似顔絵」だった。

呼ばれる

飲み屋で出会ったWさんという男性のお話。

彼は四十代独身、実家に一人暮らしをしている。

同居していた両親はそれぞれ数年前に他界し、今は天涯孤独の身だとのこと。

朝になると一人で仕事に向かい、夜には誰もいない家に帰って来る日々。

四十を過ぎた頃に結婚は諦めたそうだが、いつまでも独身貴族でいられるのも悪くはないと言い、時々こうして外に飲みに出るのが楽しみであるそうだ。


彼は仕事から帰宅すると買って来た惣菜《そうざい》などを二階の自室で食べる。

キッチンもリビングもある一戸建てだが、普段は使用しない。

風呂とトイレに行く以外で、一階の部屋に居ることは殆どないという。

「一人で暮らすには広すぎるんだよね、下手に使っちゃうと掃除やなんかしなくちゃならなくなるし、どうせ訪ねてくる人もいないんだからできるだけ触らないようにしているんだ」

　何よりも、自分の好きな用にカスタマイズされている自室が一番快適だとWさんは言う。

「ただ、孤独は無意識に精神を蝕《むしば》むのかも知れない。自分で自覚できないストレスみたいなものもあるんだろうなって最近思うよ」

　自嘲気味にそう言うと、目の前のハイボールを飲み干した。

「時々ね、誰かに階下から名前を呼ばれるんだ。生前の母親の声に似ているんだけど、もう亡くなっているしね……」

　〇〇！と、強めの口調でWさんの名前を呼ぶ声。

「両親とは四十年近く一緒に暮らしていたからさ、最初にその声が聞こえた時は反射的に返事をしたんだ、母親が亡くなって間もない頃だったしね」

　返事をした後で、もう家には自分以外誰もいないのだと気づいた。

「母親が心配して出て来てくれているのかなって思ったりね、でもそんなことがあるはずはないって、幻聴の類だろうと思って二回目に聞こえた時には無視したんだけど……」

〇〇！　という呼び声とともに階段を上って来る音が聞こえた。

「うわ、上がって来てると思って、慌てて返事したよ」

するとと、呼び声も上って来る音も掻き消えた。

「それが始まりで、最近までずっと、ここ二、三年は結構な頻度で呼ばれてる」

彼は、その度に返事をしているらしい。

「じゃないと階段を上ってくるからね。心の中では幻聴だと思いつつ、もしそうじゃなかった場合にさ、声だけならまだ耐えられるけど姿かたちまで見えたら流石《さすが》にシンドくなると思うんだ」

自分の母親であっても幽霊は怖いのだろうと納得すると、違うという。

「母親ならまだね、でもそうとは限らないじゃない？　声は似ているけどさ……」

一階部分の手つかずの部屋は、もう何となく自分の家ではないように感じるとWさんは言い「母だったらいいんだけどね……」と呟いた。

六人目

新婚のEちゃんは旦那さんの仕事の関係で地方都市に引っ越した。

料理好きだという彼女は、その地方の食材を使った料理に興味を持ち、市の広報で告知されていた料理のワークショップに出かけた。

会場である市の公民館に集まったのは若い女性ばかりで、中には彼女と同じくその年の春に引っ越して来たばかりという人もいた。

ガスコンロ付の調理台は六つあり、五、六名ずつがそれぞれバラけて支度を始める。

ワークショップは和やかな雰囲気で進行し、同一グループの参加者とは連絡先の交換もして、Eちゃんにとって大満足な結果に終わりそうだったが、出来上がった料理を食べましょうという段になって、対面の調理台を使用していたグループが何やらざわついているのに気づいた。

目を向けると「さっきまで一緒に作っていた○○さんが居ない」と主張する参加者の一人と「そんな人はそもそもいない」という他の参加者たちが口論らしきものをは

じめ、次第にエスカレートしてきていた。

そもそも面識のない者同士が集まっているのだし、Eちゃんは自分が一緒になったメンバー以外を把握していなかったため、どちらの主張が正しいのか図りかねた。

客観的に考えて「○○さん」という人物が居たのだと主張しているのは一人だけであり、同一グループの他のメンバーがどこか呆れたような顔をしているのを見れば「居た」と一人で主張する方がおかしいのだろうということは容易に推察できる。

しかし、そもそもそんな嘘をついて騒ぎを起こす理由が見当たらない。一人劣勢に立たされている女性は上品な若奥様という雰囲気であり、おかしな人物には見えなかった。

会場は何ともいたたまれないような空気を帯び始め、それに気づいたのか「居た」と主張していた彼女は「失礼します」と吐き捨て帰ってしまった。

その後も、会場には何だかトゲトゲしい感じが残ってしまい、せっかくの料理も楽しめそうになく、Eちゃんは残念に思いながら自分の係りであった味噌汁を盛りはじめた。

――あれ？　器が一つ足りない。

彼女のグループは六人編成であったはず、でも用意されている器は五つ。

見れば他の人たちが盛り付けを担当した、ご飯も、おかずも、五人分ずつ。

「おかしいな」とは思ったものの、周りの人数を確認すれば確かに五人。

それぞれ自己紹介をし合っているのだし、メンバーの把握はできていたはず。

でも、誰か足りないような気がする。

もう一人、誰か居たような気がする。

さっきあんなことがあったばかりで、自分が同じような主張をし始めれば場は更に混乱するだろう、そう思い、違和感を飲み込んだまま、食べ、かたづけ、解散した。

帰り道でスマホを確認すると、やはり六人分の連絡先が登録されていた。


二時間程、料理を共にしただけの関係である。

終わってみれば、正直誰が誰だったか顔と名前の区別も曖昧《あいまい》だった。

義理が半分という意識もあって、大して意味もなく知らない人たちと迂闊《うかつ》に連絡先を交換してしまったことを、Eちゃんは後悔した。

今でも、彼女のスマホにはその六人の連絡先が入っている。

しかし、そのうちの誰から連絡が来ても、出るつもりはないそうだ。

「居なくなった六人目からの電話だったら怖いじゃないですか、もう判断できないし」

あくまで防衛的な意味で、消さずにいるのだという。

今のところ、誰からも連絡はないとのこと。

ダンボールマン

小学生のころ、雅美さんは美術の授業で〈友達〉を作ったことがある。

「二人一組になって〈友達〉――要するに、実物大の級友の全身像を作ったんですよ」

組んだ相手の身長に合わせてダンボールを切り貼りし、ポスターカラーで服を描いたり、顔面に似顔絵を貼りつける。そんな課題だったが、不運なことに雅美さんは意地悪な男子のＩとペアにされてしまった。

「Ｉはずっと文句ばかり言ってました。〈こんなヘボいやつに似顔絵描かれる俺、超かわいそう〉だとか、いろいろです。絵の上手《うま》いＩは美術教師からえこひいきされていたので、彼を止められる人はクラスにはいませんでしたね」

美術の得意なＩは、始業からわずか三十分ほどで課題をいち早く完成させた。

Ｉの手がけた〈雅美さん〉は、やや大柄な体型を相撲取りのように強調してみせたり、ホクロを実物より数倍大きく描くなど、彼女の身体的特徴をとらえつつも悪意ある誇張を加えた作品であった。

不器用だった雅美さんは、その時点でまだ半分の工程も済んでいなかった。〈下手くそ、のろま、絵の才能ゼロ〉などと、手の空《あ》いたIは小学生レベルの語彙《ごい》を駆使して雅美さんをののしり続けた。

「私だって出席番号順で組まされただけで、好きでペアになったわけじゃなかったのに。Iから〈お前ブスだから、自分みたいなブサイク顔しか描けないんだなー〉って言われたときは、殺意を覚えました」

怒り心頭であっても、雅美さんは黙々と作業を続けた。

「Iに言い返したら最後、悪口が倍になって返ってくるので、私は黙っていました」

完成した〈友達〉は、教室の後方に吊り下げて飾っておくことになった。

「悔しかったけど、やはりその中ではIの作品が目立って上手かったです」

Iの作品が上手だと話題になればなるほど、雅美さんは自分の作品がひときわ稚拙《ちせつ》に見えて、いたたまれなくなったという。

その日、下校する際、雅美さんは落ち着かなかった。誰かに背後から、じっと見つめられている気がしたのだ。振り向いても、誰も彼女を注視していないのだが、粘りつくような視線は消えなかった。

嫌な感覚を振り切ろうと、学校から家まで彼女は駆けて帰った。

家に着くと、一つ下の妹が先に帰宅していた。雅美さん姉妹は鍵っ子だった。両親は夜まで帰らないため、用意されていたおやつを食べた後、姉妹は二階に上がり、互いの部屋に入った。

宿題をしようと教科書を開いたとき、雅美さんの部屋のドアがノックもなく開かれた。姉妹は普段、部屋に入ったら互いに干渉しないスタンスだったので、それはとても稀《まれ》なことだった。

「お姉ちゃん大変！　玄関に、変な人がいる」

妹の訴えを聞いて、雅美さんはスッと体の芯が凍る思いがした。

そういえば、帰宅してから玄関の鍵をかけた覚えがない。

いつもならきちんと施錠していたのに、Ｉのことで気分がくさくさしていて、うっかり忘れてしまったのだ。

ドアホンも鳴らさずこっそり侵入するなんて、まともな人ではない。泥棒か、ロリコンの変質者かもしれない。

「お姉ちゃんが見てくる。あんたはこの部屋に隠れてて！」

姉として責任を感じた雅美さんは、三十センチ定規を握って部屋を出た。

玄関は二階の廊下から階段を下りた先にある。

階段の最上段から覗くと、妹の言った通り玄関に人がいた。

侵入者は小柄な男のようだったが、どこか奇妙だった。確かにそこにいるのに、現実のような気がしないのだ。

風もないのにゆらゆらと揺れる男の体は、人間らしい厚みがまるでなかった。

二階から観察している雅美さんの存在に気づいたのか、男は〈つ〉と廊下に一歩、足を踏み出した。

そこからは速かった。

〈つつつつつつつつつ〉

飛ぶように廊下を走り終えると、男は階段に足を掛けた。

〈すとととととととと〉

デタラメに手足を振り乱し、薄っぺらい体を半ば宙に浮かせるようにして、男が近づいて来る。

そのころには、雅美さんにもわかった。

こいつ、美術の時間に私が作った〈I〉だ。

にっくきIの顔が眼前に迫る。

「キィエエエ！」と裂帛《れっぱく》の気合いを込めて、雅美さんは定規でその面を打った。

Iを模《かたど》ったダンボール人形は首をへし折られ、階段を落下していった。

雅美さんはすぐに階段を下りて探したが、人形の姿はどこにもなかった。


翌朝登校すると、予想に反してIは無事だったが、雅美さんが作ったIの人形が教室から消えていた。教師は〈怒らないから、人形を隠した人は手を挙げて〉と言ったけれども、誰ひとりとして名乗り出る者はいなかった。

この件は〈Iが犯人では？〉という疑念だけを残し、未解決に終わった。

「私、人形を作っていたときに、〈I死ね、I死ね〉って、ずっとダンボールに恨みを込めていたんです。その憎しみが人形に乗り移ったのかも。どうせなら呪ったIの家に行けば良かったのに、どうしてあれは私の家に来たんでしょう？」

小手先の技術を自慢していたIよりも、作品に魂を込めてみせた雅美さんの方が、真にアートの才能があったのかもしれない。

赤は血の色

「ちょっといいなァと思っていた先輩に誘われたんで、ラッキーだなって」

美紗さんは、新車を買ったばかりだという先輩と二人きりでドライブに出かけた。

初デートの行先は、定番の某遊園地。

一日たっぷり遊んで食事も済ませると、既に陽は沈んでしまっていた。

「うちまで送ってくれるって言うから、そういうことになるかも？　と思ってたけど」

先輩は彼女の住所をナビに打ち込み、車をスタートさせた。

渋滞にはまることもなくスムーズに走行していたのだが、そのうち雲行きが怪しくなってきた。

「ナビの矢印が小刻みにブレ始めたと思ったら、画面が黒くなって落ちたの」

ナビは沈黙したまま、いじっても復旧することはなかった。

先輩は携帯を取り出したが、バッテリーが切れたのか画面は真っ暗のまま。

美紗さんの携帯も電源が入らない状態で、あいにく二人は携帯を充電する手段を持っていなかった。

「私のもダメみたい、今日いっぱい動画撮りましたもんね」

そんなフォローに軽く微笑《ほほえ》んで運転を再開した先輩だったが、ナビゲーションを失った車は迷走し始めた。

「住宅街だったのかな、なんか狭い路地に入っていったんだけど」

標識を探して視線を泳がせていた美紗さんは、電柱の根元にカラフルな物体を見つけた。

死亡事故への手向けであろう花束が、電柱に針金でくくられていた。

目を引くのは、菊の花束からダリアに似た花が一輪、突き出していることだった。白菊の群れに不釣り合いな一輪だけの赤い花は、自重のせいかうなだれていた。

「あっ、お花。追悼の花束に真っ赤な花を入れるなんて、珍しいですね」

道迷いで下がった気分を上げようと彼女から話しかけても、先輩から返事はなかった。〈彼は運転に集中しているのだろう〉と彼女は好意的に解釈した。

カーライトに照らされた次の電柱の根元にもまた、花束がくくり付けられていた。

その横を通過するとき、白い菊の花の中に赤い花が一輪、うつむくようにして咲いていた。

「また花束……この辺、事故が多いんですかね？」

先輩は無言だった。

美紗さんの問いかけに返事もできないほど、大変な状況なのだろうか。

運転席の様子を伺うと、先輩はひたすら前方を注視していた。

彼が見ているのと同じ光景を、彼女も目の当たりにした。

次の電信柱にも花がくくり付けてあった。

いや、これから進もうとしている道の先、あらゆる電柱に漏れなく花束が飾られている。

いずれも白菊の束に一輪だけ赤い花を挿した花束だった。

花束の列を眺めているうちに、美紗さんは、あることに気がついた。

真新しい白菊の花弁は、夜を映して薄青く闇に沈んでいる。

彼女の膝の上にある深紅のハンドバッグも、闇夜の中ではくすんだ暗赤色に見える。

なのに何故、あの花はけばけばしいほどに赤いのか。

「ねぇ先輩、あれ、なんだかおかしくないですか」

彼女に返事をするようでもなく、先輩は大きなため息をついた。

「あーあ、ダメか……」

彼がひとりごちた後、電信柱と献花の続く路地は急に途切れ、大通りに出ることができた。

彼女は無事に家まで送り届けられたが、異様な光景を見てしまったがために、ロマンスに発展するわけもなく二人はそのまま別れた。


後日、美紗さんは意外なところで先輩の名前を聞いた。

ニュースで彼の名が、轢《ひ》き逃げ犯として報じられていた。

「先輩がやったことは最低だけど、自首したのはせめてもの罪滅ぼしかなと思う」

彼が人を轢き殺したのは、デートの夜から二週間ほど前だった。

逆シミュラクラ

義明さんは高校を卒業するまで山奥の小さな村に住んでいた。

「超弩《ど》級の田舎で徒歩圏内に店がないの。車なしじゃ生きていけない世界なわけ」

彼の母親は専業主婦で、家事と寝たきりの祖父母の世話を一手に引き受けていた。

父親はそんな妻を一切手伝おうともせず、亭主関白の見本のような人だった。

「まあ、あの人なりに一人息子の俺を可愛がろうとはしてたみたいで、たまに車で買い物に連れてってもらったな」

義明さんは、実父のことを〈あの人〉と呼ぶ。

父親の気まぐれで不定期に麓《ふもと》の町まで連れて行ってもらうのは、彼にとって苦痛と隣り合わせの楽しみだった。町に出るには、対向車とすれ違うのも厳しいほど細くて曲がりくねる山道を、一時間以上も走らなければならなかった。

「舗装されていない砂利道の峠を４ＷＤで飛ばしまくるんで、俺は車に酔っちゃうんだ。車内で吐いたらあの人が不機嫌になるから、口まで戻ってきたゲロをいつも無理やり飲み下してたよ」

その日も、義明さんは父親の車に乗せられて町に向かっていた。

「地元民ばかりの裏道だからさ、混むことなんてまずなかったんだけど」

のたうつヘビの如《ごと》く、ぐねぐねカーブする峠道の途中で、彼らの車は渋滞に遭遇した。数珠繋《じゅずつな》ぎになった車は一向に動く気配がない。

「停まってんのも暇だな。何があったか見に行くぞ」

列の最後尾で後続車がいなかったのを幸いに、父親は義明さんを連れて車を降りた。

停車している車の脇を数分も歩くと、渋滞の先頭が見えてきた。

道を塞いでいるのは、フロントガラスの割れた乗用車と、横転した一台のバイク。

「もう帰ろうよ」と腕にすがりつく義明さんを振り払い、父親はどんどん事故現場へ近づいてしまう。仕方なく付いていくと、父親の歩みが急に止まった。

バイクから少し離れた砂利道の上にガラス片が散乱し、血だまりが広がっている。

血だまりの出所を目で追うと、そこには男性が一人、うつぶせにのびていた。事故の衝撃で脱げたのか、最初からノーヘルだったのかわからないが、ヘルメットを被っていない。顔を地面に付けたまま男性は微動だにしなかった。

「あんなに血まみれになった人、テレビドラマでも見たことなかった。人間って、あんなにたくさん血が出るのかと思った」

生まれて初めて事故現場を間近に見た義明さんは、ショックのあまりその場で嘔吐してしまった。

父親がくるりと振り向き、奇妙に明るい声音でこう言った。

「あれ、まだ片づけてなかったんだ。ハハッ！」

救急車やパトカーのサイレンの音は聞こえなかった。携帯電話の普及していない時代、救助を呼ぶには電話のある麓まで誰かが連絡に行く必要があり、時間がかかった。

事故を見物して帰る父親が歩くたびに、砂利道に点々と赤いスタンプが押されていった。父親がビーチサンダルで無造作に血だまりを踏みつけたのかと思うと、再び吐き気がこみあげてきた。

結局、町に行くのは中止になり、父親の車はUターンして家に戻った。


その日の晩、義明さんはなかなか寝付けなかった。

目をつぶると、砂利道に広がる暗赤色の血だまりを思い出してしまうのだ。

何時間か輾転反側《てんてんはんそく》し、ようやく眠りかけたとき、何かに顔を触られて目が覚めた。ひんやり冷たいものが、つん、つん、と彼の頬《ほお》をつついている。

目を開けば、彼のすぐ鼻先にネギトロ丼の中身に似たものがあった。

寝る前こんなものはなかったはずと目を凝らしても、すき身の正体はわからない。

「シミュラクラ現象ってのがあるだろ？　あれだよ。あれの逆版だったんだ」

目のように二つ並んだ点と、その下に一つ口のような点があれば、ヒトの脳はその図形を〈顔〉だと認識する。それがシミュラクラ現象だ。

では、その逆とは。顔面でありながら、眼球も鼻梁も口唇も、およそ人面と連想できるものは何一つ残っていない。

「それだけ見ていたらわからなかったけど、首や肩とか、腕と手と、指があったから……それで、顔を砂利で摩《す》り下ろされて、グチャグチャになった人だってわかった」

そんなものが、彼の真横に添い寝していた。

事故を見たくて見に行ったんじゃなくて、嫌々お父さんについて行っただけなんです。その証拠に、「帰ろうよ」ってお父さんに言ったのは僕なんです。だから許して。

「ごめんなさい……」

義明さんが心から謝罪すると、血みどろのすき身は体温のない冷たい指で彼の頬を一撫でして、消えた。

それからまんじりともせずに過ごした彼は、夜が明けるのを待ってから、思い立って玄関へ行った。

前の日に父親が履いていたビーチサンダルをひっくり返してみる。

右のサンダル底には血液がべったりと付着し、左のソールの凹んだ部分には、踏み潰されたネギトロのようなものが挟まっていた。

ミンチフェイスの男はこのことを知らせたかったのだと思い、でも子供の彼にはどうすれば良いかわからず——肉片の付着したビーチサンダルを、両親が起きてくる前に庭に穴を掘って埋め、しばらく手を合わせたという。

「あのとき、ぴくりともしなかった男の人は、生きていたのか、死んでいたのか。どちらにしろ助けもせずにじろじろ見てるだけなんて、人として許されない行為だよ」

その件以来、義明さんは父親を親とは思わず、〈あの人〉と呼ぶようになった。

高校卒業後、家を出た義明さんは十年以上〈あの人〉に会っていない。今後の人生で、再び〈あの人〉に会う気もないそうだ。

鍋と塩

樹理さんは、友人である中本君の窮地《きゅうち》をスマホで知った。

「ＳＮＳで〈急な発熱でベッドに寝たきり。食料求ム〉とあったので、チャンスだと」

中本君は歴史ある有名な旅館の次男坊だった。大学ではあまり自分語りしない謎の人であったから、接近するいい機会だと彼の自宅を訪ねることにした。

「お金持ちの子はどんなすごいマンションに住んでるのかって楽しみだったのに、意外と小さなアパートだった」

予《あらかじ》めメールで教えてもらった場所から合い鍵を取り出し、初めて彼の部屋に入ったとき、彼女は空気に混じる異臭を嗅ぎとった。

「どこかで生ゴミが傷んでいるみたいな臭いがしたんだけど……一人暮らしの男子の部屋はそういうものかもなぁと思って」

間取りはワンルームのため、入ってすぐに中本君に挨拶を済ませた。

「食材買って来たから、今からおうどんでも作ってあげるね！」

張り切る彼女に、中本君はふるふると首を横に振った。

〈料理しなくていいから、コンビニでゼリーでも買ってきて〉などと言う。せっかく来たので何か作らせてほしいと樹理さんが懇願すると、中本君は折れた。

「ここ、鍋は一つもないんだ。もし料理するならフライパン使って」

そんなバカな、とキッチンの収納扉を開けると、フライパンが一つ転がるのみだった。食器もろくになく、調味料は塩の瓶詰ばかりが数本並べられてあった。

ろくに自炊しない男子はこれだから。樹里さんは追加で買い物に出かけ、8号サイズの土鍋を購入してきた。彼に女子力をアピールするためなら、そのくらいの出費はどうということはなかったという。

アパートに帰ると中本君は熟睡していたので、樹理さんは早速料理に取り掛かった。鍋に水とかつお出汁《だし》のパックを入れて火にかける。風邪に良いといわれる葱《ねぎ》と生姜《しょうが》を細かく刻んでいると、鍋がふつふつと煮立ってきた。

火加減を中火に調節し、そろそろ出汁パックを取り出そうと鍋のふたを開けた彼女の視界に、奇妙なものが飛び込んできた。

鍋の径《けい》ぴったりに、白いお面のようなものが浮かんでいる。

「イメージとしては、コスメのシートマスクに中身が入ってた感じ。えーっ、こんなもの鍋に入れてないよね？　って、首をかしげてたらそれ、動いたの」

沸騰した湯に浸かった顔は、ぱちりと目を開いた。

黒目と白目の区別もつかぬ白濁した眼球が、左右そろってぐるりと彼女の方を向く。

「いいやあぁぁぁー！」

絶叫する彼女の背後から手が伸び、ガス台のつまみをひねった。

「だから、〈フライパンを使って〉って頼んだのに」

火を消したのは、部屋の主である中本君だった。


「中本君の話だと、その部屋で鍋を使うと〈出る〉んだそうです」

そこはもともと、中本君の兄が借りていた物件であった。

兄の卒業後、同じ大学に入学した中本君が継続して居住しているだけなので、そこが事故物件なのかどうかは彼も知らない。

その部屋には厳密なルールがあり、二つの決まりを守ってさえいれば〈出る〉ことはないという。

まず、直径二十四センチ以上の、人の顔が入る大きさの容器を家に置かないこと。

「とにかく鍋とか洗面器とか、丸くてある程度の深みがあるものに水を入れると、顔が浮いてくるんだとか。フライパンみたいに浅ければ大丈夫だそうです」

実害がないにせよ、ぶよぶよふやけた白い顔が浮くのは不気味なので、部屋に鍋の類は置かないようにしているのだと中本君は語った。

次に、部屋の四隅に盛り塩をし、毎日新しい塩に取り換えること。

「彼、〈熱で寝込んでて、昨日は塩を換えてなかったんだよね〉って言ってました」

引っ越すのも面倒だしルールさえ守っていれば済むのだから、そこを出る気はないという中本君を、樹理さんは彼氏候補から外した。妙なものと平然と同居するような男性とは、親しくなれる自信がないからだ。

「絶対そこ、以前に誰かが死んでますよね」

たぶん溺死だと思う、と樹理さんは話を締めた。

ラヴとレター

今年の始め、優奈《ゆうな》さんは一年ほど同棲した彼氏と別れた。

「私は元々煙草を吸わないいんですが、いつからだったかなぁ。ヘビースモーカーの彼の臭い、存在そのものが嫌になっちゃったんです」

つきあい始めは〈煙草を吸うしぐさが大人っぽくて好き〉と思っていたのだが、愛情が一度冷めてしまうと、ヤニと臭いに耐えられなくなったのだという。

「彼氏が留守の間に、必要最低限の物だけ持って逃げました。共通の知人には根回しして新住所は彼に秘密にしてもらって、電話は着信拒否、ＳＮＳはブロック。これですっきり別れられるって思っていたんですよね」

よくある話だが、〈二人の仲は終わった〉と考えていたのは優奈さんだけで、彼女より干支《えと》が一回りも年上の元彼は未練たらたらだったらしい。

転居してしばらく経ったある日、優奈さん宅のポストに不審な手紙が届いた。

金釘流《かなくぎ》の文字で新居の住所と彼女の名が書かれており、封筒を裏返しても差出人の名はない。

「そういうの、悪賢《わるがしこ》いですよね。差出人の氏名や住所がなければ、こちらは郵便局に配達を止めてもらうこともできないんです」

開封すると、中には一度濡れてから乾かしたのか、ぼこぼこによれた紙が一枚、折りたたまれてあった。

その紙からは、青臭いにおいがした。

どこかで嗅いだ記憶のある、まるで栗の花のような……。

液体の正体に思い当たった彼女はぐっと息を止め、手紙をゴミ箱に投げ捨てた。

おぞましくてたまらず、ゴミ箱にかけてあったビニール袋の口を縛り、さらに新たなビニール袋に入れて二重に封じ、即行でコンビニに捨てに行ったという。

「警察に持って行くべきだったのかもしれませんが、とにかく部屋に置いておきたくなかったんです」

数日後、またも彼女の新居に手紙が届く。

「金釘文字を見たら、ぞっとして……ポストを消毒したいくらいに嫌ぁな気分になりました」

一旦は封を切らずに捨てようとしたが、もしも何か、ストーカー的な犯罪予告が中に書いてあったら？　と不安になった。

顔にマスク、両手には使い捨てのビニール手袋をはめて、白い紙封筒を端からちぎった。

中には凸凹《でこぼこ》に歪んだ一枚の紙。

よれた紙一面に薄黄色の液体で、大きな平仮名がいくつか書かれていた。

おそらく前の手紙にも同じように文字が書いてあったのだろう。

前回は体液が白かったので、白い紙に白い字で読めなかったのだ。

「あ、これヤバいやつだ！　って、見た瞬間に脳が危険信号を発したみたいでした」

彼女は視線をそらせて文字を判読しないようにしようと試みたが、ダメだった。

〈ゆうな　の　ところへ〉

そのように読めてしまった。

彼女はこの手紙もビニール袋にぐるぐる巻きにして、コンビニに捨てに行った。

「やっぱ、開けなければ良かったんです。開けても文字を読まなければ良かった」

その夜のこと、入浴を済ませた彼女がパジャマに着替えて寝室に入ると、ぷぅんと煙草の臭いが一面に漂っていた。

たとえ友人であっても、喫煙者は新居に呼ばないようにしている。

以前、元彼と付き合っていた頃の服や持ち物は、捨てたりあげたり売ったりして、一つ残らず処分した。煙草の臭いをまとうものなど、この部屋にはない。

気のせいだ。あんな手紙が来て神経が昂《たか》ぶっているから、元彼の体臭がフラッシュバックしただけだ。

そのように納得してベッドに入ったとき、ずしっと掛け布団が重くなった。

布団越しにもわかるほど、煙草臭が酷《ひど》く濃密に立ちこめてくる。

彼女の腕力でははねのけられないほど、どういうわけか布団が重い。

まるで、成人男性が彼女の上に覆い被さり、布団を押さえつけているかのようだ。

圧迫された胸や腰の痛みに「ううぅ」と彼女が声を漏らすと、〈イヒッ〉というせせら笑いが耳のすぐそばで聞こえた。

一緒に暮らしていたころ、元彼はよく煙草を下唇に張り付かせてこんな風に笑っていた。

あいつに笑われたと思うと、優奈さんの体にすさまじい怒りのパワーがわいた。力いっぱい布団を蹴り飛ばすと重みはふっと消え、部屋には息を荒らげた彼女がいるのみだった。

「あの手紙、受け手が〈文字を読むと発動する〉呪いなんじゃないでしょうか」

差出人のない金釘文字の封書は、いまだに不定期に彼女の元に届き続けているが、届いたら未開封のままビニール袋に密封し、外に捨てることにしている。

「中身さえ見なければ大丈夫だと思うんです。あれ以来、部屋が煙草臭くなることもないですし。手紙なら対処できています。手紙、ならね」

目下、彼女の不安は〈封書がハガキに変わりはしないか〉ということである。

穴獣

「留守にするたび、家の中が荒らされててなぁ」

一人暮らしの作山さんは、買い置きの食料を食い散らかす何かに困らされていた。

歯型から見て小動物らしきそれは惣菜パンを一噛み、まんじゅうを一かじりというように、彼の家にある食べ物を一口ずつ、まんべんなく味見していたのだという。

鼠《ねずみ》取りを複数仕掛けてみても、そんな努力をあざ笑うように罠は空ぶり。毒餌は見向きもされず、人間の食べ物だけが毎日一口ずつかじられていくのだった。

仕事が休みの日、作山さんはその正体を突き止めようと、家じゅうの窓を開け放ち、わざわざ玄関も半開きにして侵入者を待った。

「俺は台所の隣の部屋で、じぃっと息を殺して待機してたのよ」

待ちくたびれて肩が凝り始めたころ、それは来た。

小さな物音にダイニングキッチンを覗くと、猫のような獣が後ろ足で椅子の上に立ち、卓上のパンを前足で引き寄せていた。

あれが悪さをしていたのか、こらしめなくては。作山さんは猛然と立ち上がった。

「オイこの野郎！」

怒声に弾かれたように獣は台所を飛び出し、半開きの玄関から外に逃げた。

家の裏に向かう獣を追う。作山家の裏は山に面した駐車場で、切り出された岩肌が露出した場所である。その岩の下部、地面から十五センチほどのところに穴が一つ開いており、獣はするりとそこに逃げ込んでしまった。

「いつもそこに車を停めてるんだが、岩をまじまじ見たりしないからな、穴など気づかなかった」

家のすぐそばに獣の巣があったのか。道理でよくうちに来るわけだと合点がいった。位置が低すぎて覗き込むには難儀な穴ゆえ、木の枝を挿してみた。獣をつつき出せるかと期待したが、枝の先には何の抵抗もない。

そのまま奥まで挿し進めると、枝は固いものに当たった。生き物の感触ではないから、穴の奥に突き当たったのだろう。枝の長さからすると、奥行きは四十センチほどに思えた。獣は横穴から逃げるかどうかして、もうここにはいないのだろう。

作山さんはポケットから軍手を取り出してはめ、穴に手を入れてみた。肘《ひじ》くらいまでの深さの岩穴に、横穴があるか確かめるつもりだった。

冷たい岩肌を丹念にたどっても、横穴らしきくぼみは見つからない。予想に反して、二の腕の半ばを過ぎてもまだ、穴は先に延びているようだ。

さらに奥を探ろうと伸ばした指先に、いきなり痛みが走った。慌てて手を引こうとすると、何かが彼の指に食いついて放さない。

この野郎、まだ中にいやがった。作山さんは穴から腕を引き抜こうとした。

「言いつくばるような姿勢だったから、力を入れにくくはあったんだけどな。普通、猫くらいの動物一匹ぐらい俺が引きずり出せないわけはないんだが……」

万力を込めて引いても、穴の奥にいる何かに挟まれた手はびくともしなかった。

空いている左手で助けを呼ぼうとしたが、携帯電話は家に置いてきていた。

山深い村に彼は独居しており、ここから肉声の届く範囲に他の家はない。

「岩にくっつけた腹がしんしんと冷えてきて、これは詰んだと思ったが、そのときひらめいたんだ。引いてもダメなら押してみよう、と」

指先を手刀のようにして思い切り押し戻すと〈ぎゅあん!〉と甲高《かんだか》い悲鳴が上がり、彼の手はいましめから解放された。

穴を目視しつつ軍手を脱げば、皮膚こそ破れてはいないものの、指先は点々と内出血していた。パンや菓子につけられていたのと同じ、見慣れた小さな歯型だった。

畜生、絶対にふんづかまえてやる。怒りに燃えた作山さんは、軍手の上からハンカチでくるんだ手を再び穴に挿しこんだ。肘まで挿入したところで、指先が石のようなものに触れて止まった。先刻穴に手を入れたときには、そんなものは無かったはずだ。

作山さんが穴からつかみ出したのは、小さな獣の頭蓋骨だった。頭蓋骨の歯を指の傷に合わせてみれば、歯形はぴたりと合った。

指に触れるものを掻き出すうちに、続々と骨が出てきた。長いこと地中にあったのか本来白い骨は褐色に染まっており、木の枝に似ていた。

出てきた骨を並べたところ、ちょうど一匹分の骨がそろうようだった。

骨拾いがひと段落したところで岩を見返すと、穴がなかった。先刻から、作山さんはその場を動いていないのに、岩肌にはくぼみすら見つからない。

「燦々《さんさん》と陽の光を浴びてんのに、化かされたか、夢でも見たような気分だったけど、穴から拾った骨はその場にあったんだよなあ」

獣の骨を裏山に埋めてやってからは、家の食料をかじられることはなくなった。

ジュガ星人

真彦さんの父親は画家で、自宅の離れで週に一度、子供たち相手に絵画教室を開いていた。

真彦さん自身は、厳しかった父親への反発から一度も直接絵を教わったことがなかったそうだが、血は争えないのかずっと美術の成績は優秀だったたし、現在の職業はイラストレーターである。

父親は真彦さんが二十二歳のときに、若い頃からの持病を悪化させて亡くなっている。

入退院をくりかえしていた頃、アトリエにこもってしばらく物を整理していた父親が一枚の絵を持って出てきたという。

「おぼえてるか?」

そう言いながら差し出したのは、スケッチブックから切り取った痕のある画用紙である。

バッタとカタツムリを合成したようなものが二足で立っている絵が、クレヨンで描かれていた。

緑と黄色が多く使われたそのグロテスクな怪物は父親が描いたもののようだが、下に添えられているのはあきらかに子供の拙《つたな》い字だった。

しばらく眺めていてようやく〈ジュガせいじん〉と読み取れた。

父親の話では、小学校に上がったばかりの頃の真彦さんに頼まれて描いた絵らしい。自分が考案した宇宙人の絵がうまく描けないからと、クレヨンを持ってねだりに来たのだそうだ。

特撮ドラマの怪獣に夢中になっていた頃、たしかに自分で〈創作怪獣〉や〈創作宇宙人〉をたくさんスケッチブックに描いていた覚えがある。だが父親に頼んで描いてもらったという記憶はすっかり真彦さんの記憶から抜け落ちていた。

〈ジュガ星人〉という命名の由来は不明だが、当時飼っていた犬の名前が〈ジュラ〉なので、たぶんそれをもじったのだろう。

「言ってみりゃ、これはお前との唯一の合作だな」

そう笑いながら父親はアトリエに戻っていった。

テーブルに残された画用紙をどうしたのか、真彦さんは覚えていない。その後一度も実物を見ていないし、父の死後アトリエを整理したときにも出てこなかった。せめて写真でも撮っておけばよかったと思うこともあるが、何だか気恥ずかしくてそれもできなかったそうだ。もう二十年近く昔の話である。


真彦さんが両親と暮らした家はその後人手に渡り、取り壊されて現在は土地の半分が民家、半分は月極の駐車場になっている。

二年前のお盆に里帰りした折、地元のシネコンに甥たちを連れていったときに真彦さんはショッピングモールで偶然中学時代の同級生に会った。

少し立ち話した際にその同級生がこんなことを言っていたという。

「おまえの家があった土地に建ってた家、こないだ火が出て全焼したんだよ。そこは夫婦と小学生の息子二人の家族が住んでるんだけど、たまたま泊まりに来ていた奥さんの父親だけが逃げ遅れて亡くなったらしい」

真彦さんは驚いて、次の日かつて実家のあった場所を訪れてみた。現在母親と住んでいる家は隣接する市にあって、元の実家へは車で三十分ほどの距離である。現地に着くと車で一度前を通り過ぎてから、近くのコインパーキングに入れて歩いて現場に戻った。

車窓から見たときはずいぶんひどい焼け跡がそのまま放置されているんだなと驚いたが、戻ってみるとなぜか焼けた柱一本残っておらずきれいに更地になっている。周囲の家や道路には見覚えがあるし、たしかにこの場所に間違いはなかった。たまたま近所に別な火事があって、その焼け跡と見間違えたのかとも思ったが、少し歩いても周囲にそれらしいものは見つからない。

納得がいかないような、薄気味悪いような気分で真彦さんはすぐに帰ってきてしまった。

ある晩、真彦さんは夢を見た。

どことも知れない野原に人だかりができているのを見て、何だろうと草を分けて近づいていく。

すると人々に囲まれて石を投げつけられている異様な姿のものが目に入った。

バッタのような体に、カタツムリの殻のようなものを背負ったそれは、人間の背丈ほどの大きさがあった。

怖ろしい外見とは裏腹に、ただ弱々しく身を丸めるようにして群集の暴力に耐えていた。

「やめてーっ」

そう子供のように泣き叫んで真彦さんは止めに入ろうとした。

自分の声に驚いて目を覚ましたとき、真彦さんは涙で頬を濡らしていたという。

夢の中で泣くなんていったい何年ぶりだろうと思いながら、いじめられていた怪物がかつて父親に見せられた絵の宇宙人だということに気がついた。

それは二十年前の記憶にあるぼんやりした絵の印象を上書きして、くっきりと脳裏に焼きついていた。真彦さんはふたたび記憶が薄れる前にそれをクレヨンで描き写し、父の〈ジュガ星人〉を再現しようと試みたが、いくら描き直しても何かが違う感じがする。絵にしようとするとそのときだけ頭の中の映像がふっと遠のくようでもあった。

あきらめてその何枚かの不満足な〈ジュガ星人〉を部屋の床に重ねて置いたまま、真彦さんは外出したのだが、帰宅すると画用紙はすべて床の上で焼けて灰になっていた。

周囲に火の気はなかったし、なぜか床そのものはまったく焦げてさえおらず、部屋の天井にある火災報知器も作動しなかったようだ。

ただ、物が焦げたような臭いは灰の量と不釣合いなほど部屋に充満していて、空気を入れ替えても数日の間消えなかったという。

水玉のバッグ

梨恵さんが中学を卒業するまで住んでいた町には、いわゆる忌《い》み地というのか「あそこでは何をやってもうまくいかない」と言われている土地があった。

梨恵さんの記憶にあるその場所は、初めいくつかの商店と飲食店が固まって建つ一角だったのが、いつのまにか全部の店が潰れていったん更地になったのち倉庫のような建物が建ってリサイクルショップが開店していた。

その店が火事で全焼したのは開店から四ヶ月後くらい、梨恵さんが小学五年生のときである。

跡地では、焼けた店の店主が友人たちの協力のもとショップの再建をめざしていたのだが、ある日店主が違法薬物の所持で逮捕され、友人たちも芋づる式に何人か捕まると計画は立ち消えになったようだ。

以来彼女が町を離れるまでその土地は雑草に覆われたままだった。

昔疫病で死んだ人たちを大勢埋めた土地だという話を梨恵さんは聞いていた。だがその噂はただの伝説に過ぎないと、菩提寺の住職が法事の後の雑談で否定していた記憶がある。何度か調査で地面が掘り返されたこともあるが、犬の骨一本さえ出てこなかったという話だった。

中学生のとき、梨恵さんは塾の帰りに何の気なしに普段と違う道を自転車で走っていたら、その空き地の前に出た。昼間来てもべつに何とも思わないのに、少ない街灯に手前だけ照らされた草っ原には変な凄みがあったという。梨恵さんは道の反対側を走って、なるべく空き地を見ないようにして通り抜けた。

自宅近くまで来たときに自転車の前籠が空になっていることに気づいた。入れていたはずのバッグが消えていたのだが、塾に忘れてきたのではと思う前に〈夜道に落ちているブルーのドット柄のバッグ〉の映像が頭にぱっと浮かんだ。その場所がさっきの空き地の前の道路だったのだという。

半信半疑で戻ってみると、果たしてバッグは路上に落ちていた。首をかしげつつ拾い上げて自転車の籠に入れると、梨恵さんはふたたび家に向かった。自宅の屋根が見えてきたところで梨恵さんははっとして自転車を止めた。いつのまにか前籠がまた空になっていたのだ。

今度は一人で引き返す勇気がなく、家でテレビを見ていた高校生の姉をむりやり連れて一緒に夜道を歩いていくと、空き地の前まで来たところでさっきと寸分たがわず同じ位置に落ちている自分のバッグを見つけた。

持ち上げたときの重さで、その日同じ塾に通う子から漫画の本を数冊借りていたことを思い出したという。

さっき拾い上げたときには、そんな重さはまるで感じられなかったのだ。

弁当屋

二十年くらい前、タウン誌の編集かライターをしていたMさんという女性から聞いた話。

Mさんの住んでいるマンションの一階には個人経営の弁当屋が入っていた。その弁当屋の店主一家がある日心中事件を起こして夫婦と小学生の息子、全員が亡くなってしまった。

経営が苦しい上に奥さんの親族が起こした交通事故の賠償金を負担して、借金が膨れ上がっていたらしい。近くには有名なフランチャイズの弁当屋やコンビニもあったし、とくに美味しくも安くもないその弁当屋をMさんもほとんど利用したことはなかった。

弁当屋はそれからずっとシャッターが下りたままで、新しい店が入ることもないまま二年ほどが経過した。一家が亡くなったのは店舗ではなく別の場所にある自宅なので、事故物件というわけではないが賃料もずいぶん下げられていたようだ。噂では與味を持って内見に来る客はそれなりにいるのだが、みな空気が悪いとか何となく雰囲気が暗いなどと言って契約に到らなかったらしい。

Mさんは毎日のようにシャッターの前を通るが、霊感がないせいなのかとくに何も感じなかった。ある晩終電近くに帰ってきてマンション前にたどり着くと、弁当屋のシャッターが半分くらい上がって中の明かりが漏れていた。

不動産屋でも来てるのかな? それにしては時間が遅すぎるなと思いつつ、気になって立ち止まると店の中で立ち話をしている人がいるようだ。カウンター下の空っぽのショーケースに映った人影が動き、ぼそぼそと声が聞こえる。好奇心から耳を澄ませていたら話し声がふっと止んだ。こちらに気づいたような気配を感じたので、Mさんはあわててエントランスの方へ逃げていった。

それからも時々、深夜に店のシャッターが半分上がっていることがあったという。なぜか必ず半分だけなので中にいる人の様子は見えなかった。

もうMさんは立ち止まって耳を澄ませることはなかったが、断片的に聞き取れた言葉からどうやら弁当の名前と値段をひたすら読み上げているらしいとわかった。新しい弁当屋が入ることになったのかな、とMさんは思った。

　ある晩終電後にタクシーでマンション前に付けると、その日は珍しくシャッターが全開になっていた。だが白々と明かりの点《とも》った店内には誰もいないようだ。車を降りたMさんはぼんやりとからっぽの店を見つめた。看板その他装飾的なものはすべて取り払われているので、かつて弁当屋だったときの面影はほとんどない。

　背後から声を掛けられたので、びっくりして振り返るとMさんを降ろしたタクシーがまだ停まったままで、運転手が窓から顔を出していたという。

「おねえさんあぶないよー、買っちゃダメだよー」

　初老の運転手はそう言いながら白手袋の手を顔の前で振っている。

　何のことだろうと店のほうを見ると、いつのまにかカウンターの向こうに人が立っていた。異様に背が高いせいかその人の顔はここから見えないが、服装や胸の膨らみから女性のようだとわかった。

　その大きな人は黒くて四角いものを差し出すように手に持っていて、どうやら弁当の空き容器らしい。

　よく見ると容器の真ん中にカナブンが一匹いて、円を描くように動き回っていた。

そのときクラクションが響いたのではっとして振り返ると、今しも遠ざかろうとしているタクシーの赤いテールランプが見えた。

我に返ったMさんが建物に向き直ったところ、いつのまにか弁当屋のシャッターは下まで完全に閉じて、周囲はしんと静まりかえっていた。店と彼女の距離は一メートルほどしかないのに、シャッターを下ろすとき聞こえるはずの騒音をMさんはまったく耳にしていなかった。

その後しばらくしてMさんはマンションを引っ越したが、近くで飲食店の取材があったため数ヶ月ぶりに建物の前を通りかかったとき、一階の店舗部分に弁当屋が開店して店頭にお祝いの花が飾られていた。

聞かない名前の店で、手作り感のある看板を見てもどうやら個人経営店のようだ。

不安と好奇心に駆られて近づいていくと、カウンターに立っていた人がいきなり笑顔でこう話しかけてきた。

「おねえさんもうあぶなくないから買っていいよー、お祓《はら》いしたから買っていいよー」

驚いて顔をよく見れば、その店員はいつぞやの初老のタクシー運転手にそっくりだった。

いったいどういうことなのか意味がわからず固まっていると、運転手だったはずの店員は炊き立ての白米だけが大盛りになった容器をひょいと差し出してきた。

その湯気をたてているご飯の上を一匹のカナブンが歩き回っているのを見て、Mさんは悲鳴を上げて逃げ出したそうだ。

蛇とゴム人形

会社員の邦和さんが二十代の頃、家の近所を歩いていたら切り通しの坂の道端に蛇がうずくまっていたことがあるという。

側溝の蓋の上で緩《ゆる》くとぐろを巻いたような形をしているその青大将は、邦和さんが近づいてもまったく逃げようとしないのでどうやら死んでいるらしいと気づいた。

その近くにもう一つ何か落ちているものがあった。見ればゴム製の、手のひらに乗るほどの大きさの人形である。おそらく外国製で、歯をむき出した男が両手足をひろげておどけたポーズを取っているコミカルな人形だ。

まるで大蛇から逃げようとして転んでしまった男の姿のようにも見える。

誰かがわざと蛇の前に置いたんだろうか？　と思いながら邦和さんは坂道を上っていった。

邦和さんの妹は彼の七歳年下で、当時は美容系の専門学校に通っていた。

その妹が虫歯の治療に通っていた歯医者が、邦和さんの職場の近所にあった。歯医者の前の道を少し行くとトンネルがあり、くぐった先は海岸に続いている。ある日歯の治療を終えて妹が歯医者から出てくると、そのトンネルを今しもこちらに抜けてこようとしている人影があった。

何気なく横目で見ると、背の高いその影は髪の色や顔立ちから外国人の男性のように思えた。

とくに気に掛けることもなく妹はトンネルに背を向けて歩き始めた。

そのほんの数秒後、彼女を追い越していった人物がいた。

それがたった今見たばかりの外国人だったので、驚いて思わず「なんで」と声が出たという。

トンネルは歯医者から五十メートルほど離れていて、たとえ全力で走ってもまだ彼女に追いつけるはずがなかったのだ。

彼女の声に反応して振り向いた男は、そのまま立ち止まらずに後ろ向きに歩きながら、おどけたように歯をむき出して笑った。

両手と両足をひろげてみせると、そのままくるりと前に向き直ってそのまま歩き去ってしまった。

妹はその場に立ち竦《すく》んで、男の長細い背中が交差点を曲がって消えるのを見届けた。

帰宅した妹にこの話を聞かされたとき、邦和さんは数週間前に路上で見たゴム人形のことを思い出した。

妹にそのことを話したところ、ポーズだけでなく体つきや服装まで男とその人形はよく似ていることがわかった。

しかも妹は男を最初に見たときに何となく「人間らしくない」感じがしたというのだ。

「なんだかコマ撮りの人形アニメを見てるみたいな、そういう不自然な感じがしたんだよね」

そうしきりにうなずくと妹は「人形が落ちてた場所に連れてって」と言い出した。

何週間も前のことだからもう片付けられちゃってるよ、と告げる邦和さんに妹は「それでもかまわない」と言うので、二人は夕食後の二十二時頃家を出て、切り通しに向かった。

邦和さんが「この辺りだよ」と指差した場所には案の定、何も見当たらない。

青大将の死骸も人形もなく、ただ道の脇の側溝から斜面になった地面にかけて街灯に照らされていた。

妹はしばらく周囲の地面を眺めていたが、突然勢いをつけて斜面を駆け上ると、むきだしになった木の根の隙間に手を差し入れた。

そして満足げな笑みを浮かべて邦和さんの傍に来ると手にしているものを見せた。

それは土で汚れた歯をむき出して笑う、ゴム製の人形だった。

人形はきれいに洗われて妹の部屋の本棚の中に、本に立てかけるように置かれたらしい。

その晩邦和さんは寝入りばなに、天井裏を何かが這いずるような音を聞いた気がした。

翌朝目覚めると、天井板にゆうべまでなかったはずの細長い染みができていたという。天井を横断して続いていたその染みは一週間くらいで自然に消えたが、それからも時々天井裏を這うような音は聞こえていた。ただ、なぜか聞こえるのはいつも寝入りばなの時間ばかりだったので、もしかしたら半分くらいは夢だったのかもしれない。

同じ頃に妹が「人形がなくなった」と騒いでいた記憶があるが、結局それは見つかったのか、見つからないままだったのか邦和さんは覚えていないという。

切り通しの坂はその数年後に近くを通るバイパス道路の工事で両側の林ごと削られてしまい、ほぼ同じ位置にのちに階段がつくられた。

ほとんど人の通ることのない階段だが、近くの小学校に通う子供たちが何人もそこで転んで怪我をしたという話で、学校では注意を促していたらしい。

子供たちはいずれも階段の途中にとぐろを巻く蛇を目撃して驚いて転落したようだが、一緒にいた他の子供は蛇などいなかった、と証言した点が共通していたそうだ。

大仏

漫画家の藤雄さんが会社員だった頃の話。連日の長時間残業で朦朧《もうろう》としながら帰りの電車に揺られていると、やがてどこかの駅に停車してドアが開いた。

ぞろぞろと客が降りていくのを見て藤雄さんは不思議に思った。藤雄さんの降りる駅までの間に、いきなりこんなに人の減る駅はないはずだった。ぼーっとしていて乗り越したのかな？　と不安になった藤雄さんは駅名を確かめようとしたがよく分からない。やがてドアが閉じて電車は動き出した。

まだ終電には少し時間があるから、万一乗り越していても上り列車で戻ってくればいい。そう思って藤雄さんは手近な空いた席に腰かけた。

窓の外を見ていると、住宅街の窓の明かりが無数にならぶ景色のむこうに何か白い大きなものが光っているのが見える。

スピードの出ている車窓から眺めているのに、ほとんど動かないということはかなり遠くにあるのだろう。ライトアップした大仏のようなものかと思うが、このあたりにそんなものがあるという話は知らない。それに大仏だと思うくらいで確かに人体のような形だが、姿勢が妙だった。まるで自分の首を自分で絞めている人のようなポーズだった。

やがて手前に大きな建物が現れてその白い像は隠れた。ふたたび視界が開けたときにはもうどこにも見当たらなかった。


結局藤雄さんは五つも駅を乗り越していたことが分かり、次の駅で降りて反対側のホームに回った。電車が来るまで少し時間があったので自販機で温かい飲み物を買い、ささやかに暖を取っているとやがてホームに列車が入線してきた。

ガラガラの車両に乗り込んで席に着くと、電車は動き出した。藤雄さんはさっきの妙な建造物をもう一度よく見たいと思い、窓ガラスに額を押し付けて待った。やがて住宅地のひろがる見覚えのある景色になったが、その景色の奥にあったはずの白い像だけがなくなっていた。ライトアップしていた明かりが消えたのかもしれない、そう思ったものの、あれだけ大きくて目立つものがシルエットでさえ見つからないのは奇妙に感じられる。そうしているうちに次の駅に着いてしまった。

もう一度引き返して確かめたいという気持ちをこらえて帰宅した藤雄さんは、家で地図を調べてみたが該当する地域に寺院などは記載されていなかった。後日、あらためて休日の昼間に電車に乗り込むと、白い像を見たはずの区間では念のため両側の窓に注意しつつ二往復したが、やはりそれらしいものは何も見つからなかったという。

職場の人と飲んだとき藤雄さんがその奇妙な体験を話していたら、隣のテーブルにいた龍柄の派手なシャツを着た総白髪の男性がいきなり話に割り込んできた。
「ああ、首絞め大仏だろ？　あの辺じゃ昔飢饉《ききん》があってたくさん人が死んだからな、その霊を鎮《しず》めるため大仏を建てたんだよ。飢饉で飢えて死んだ人じゃないよ、そんなのはお地蔵さんで十分だ。口減らしのため自分を犠牲にした尊いお百姓がいてね、その人は自分の首を自分で絞めて死んでいったんだよ。誰にでもできることじゃないよそんなの、普通死ぬ前に手の力緩めちゃうだろ？　そのお百姓は失神しても自分の首をぐいぐい絞め続けたんだな。本当に立派なもんだ。そういう実践こそが人を動かすんだよ、立派な掛け声とか威勢のいいスローガン並べたって、ご本人がぬくぬくやってたんじゃ駄目だろ。説得力がゼロだよ。……やがてその尊いお百姓に倣《なら》って、他のお百姓たちも自分の首を自分で絞め始めたんだ。先を越されて恥ずかしいって気持ちがあったんだろう、みんな競うように自分の首をぐいぐい絞めたらしいね。そうやって次々と自分で自分を殺してくれたおかげで、残された人たちは無事年貢も納めて生き延びたんだな。でも大勢がそんなむごい死に方したら、当然村中に自分の首を自分で絞めてる姿の幽霊が出ちゃうだろ？　もう夜は誰もおちおち外に出られないよそんなの、おっかなくて。おっかないから仕方なくみんなで金を出し合って大仏を建てたんだよ。おかげで幽霊は出なくなったけど当然村の金じゃ足りないから、莫大な借金を抱えたらしいよ、せっかく大勢死んで口減らししたのにそれじゃ意味ないよな？　男手も足りなくなってる上に莫大な借金だからもちろん返せなくて、結局残った村人全員軒下で首くくってすべて終わらせたんだよ。まったくこの世は前後左右どこを見ても地獄だし、最後まで生き残るのはいつもぬくぬく肥え太った豚どもばかりだ」

そう一気に話すと男性はいきなり立ち上がって、連れの陰気で化粧の厚い女性とともにそのまま店を出ていってしまった。

呆気に取られた藤雄さんたちはしばらく会話もなく、隣の空いたテーブルを見つめていた。

後日藤雄さんは図書館の郷土コーナーでいろいろな資料に当たってみたが、その周辺の土地の飢饉に関する話も「自分の首を自分で絞めて死んだ百姓」の言い伝えも見つけることはできなかった。もちろんそんな異様な姿をした〈大仏〉が現在はもちろん、過去にも存在したという事実はなかったそうである。

訪問者

芳和さんが学生だった頃、住んでいたアパートと同じ町内で殺人事件があった。

貸した金を踏み倒されそうになった男が、相手の男を故意に車ではねて倒れたところをもう一度バックで轢き直し、そのまま路上に放置したのである。

芳和さんの生活上ほとんど用のない、畑の中の一本道だったから、現場には事件後に何度か野次馬気分で見に行っただけだ。

そのうちの一度は友人のSとわざわざ深夜になってから出かけたそうだ。

それはSの希望だった。殺人事件が起きてから間もない場所に、人の寝静まった時間に出かけるという滅多《めった》にないイベントにSは興奮していた。

現場に着くとSは路傍の花束などの供え物を覗き込み、使い捨てカメラのフラッシュをやたらと光らせていた。

「やっぱり人が殺されたばかりの場所って何か違うな。地面からひやっとする空気がにおってくるっていうか……ああ鳥肌が立ってきた」

少し歩いただけで汗ばむような熱帯夜なのに、Sはそんなことを言いながら腕をさすっている。

街灯も民家の明かりも遠いから、光源は部屋から持ってきた懐中電灯だけだ。

芳和さんは見たいテレビがあるので早く帰りたいのだが、Sはいつのまにか道端にしゃがんだまま缶ビールを飲んでいた。

「お前それまさか」

思わず問い質《ただ》したところ、Sはにやっと笑いながら横目で供え物を見た。

懐中電灯を向けると、そこには今Sが手にしているのと同じ銘柄の缶ビールがいくつか並んでいる。

「馬鹿、そういうことしていいと思ってんのかよ！　信じらんねえ」

芳和さんが罵《ののし》るとSは不本意そうに口を尖らせた。

「いや仏さんのお相伴《しょうばん》だよ、酒だけぽつんと置かれても相手がいなきゃ、飲んで愚《ぐ》痴《ち》の一つもこぼせないだろ？　だからおれが付き合ってあげてるわけ。これちょっとヌルいけどな」

そう言いながらSはビールのロング缶に口をつけて喉を鳴らした。

呆れて家に帰ろうとする芳和さんに向かって「おれ、もうちょっと仏さんと語り合ってから行く」とSは手を振った。


帰宅してからしばらく経った頃に玄関のチャイムが鳴った。

テレビを見ていた芳和さんは「鍵開いてるぞ」と声をかけたが、ドアが開いた様子はなくふたたびチャイムが鳴らされた。

Sじゃないのかな？　と訝《いぶか》りつつ芳和さんは玄関に向かう。

ドアを開けると、目の前に上半身裸で坊主頭の見知らぬ男が腕組みして立っていた。

男は子供のような背丈だが皺《しわ》の多い顔をしていて、上目遣いに芳和さんを見た。

ぎょっとして後ずさりしながら、芳和さんは男の頭に目が釘付けになったという。

左右のこめかみの上あたりに、灰褐色の尖った角のようなものが生えていたのである。

「……ぷっすけ、くたらましかなんばだが、はぐらさく」

男は妙に鼻にかかった声でそんなことを言ったが、芳和さんには何のことだかわからない。

硬直している彼を無表情に見つめながら男は、自分の〈角〉をぽりぽりと右手で掻いた。

そして急に踵《きびす》を返すと、そのまま共用通路の奥の階段へと去っていった。

そこへ入れ替わるようにSが階段をふらふらと上ってきた。

「今おまえ、半裸の男とすれ違わなかったか？」

芳和さんが訊ねると、Sは「鬼だろ？」とあっさり言って玄関の上がり框《かまち》に座り込んだ。

何か知っているような口ぶりだったので、驚いて芳和さんは激しく問い質したがSは座ったまま目を閉じて聞き流し、やがてすーすーと寝息を立て始めてしまった。

そのままいくら体を揺すっても起きず、玄関で三十分ほど眠ったのちようやく目を覚ましたSは、さっき自分が言ったことをまったく覚えていなかった。

それどころか、事件現場を見に行ってから先のことが何も記憶になく、自分が軽く酔っ払っているらしいと気づくとしきりに不思議がっていたという。

常連

もう何十年も酒場をやってると変な癖も身につくんですよ。うちなんかはカウンターに十人も入れば一杯な店《はこ》でしょう。だから常連はみんなドアを大きくは開けないんです。ほんの少し、まずは開けて座れるかどうか確認する人が多いんです。

早仕舞いのときなんかですね、そういうのは。

カチャってドアが開くんです。ほんの少しだけ中を覗くような開け方。目玉と顔の半分の半分が見える程度ですかね。

それでもこっちは反射的に見ますから、あ……あの人だって思います。でも、ドアは閉まっちゃう。閉まるんです……だってその人、亡くなってるんだから。

こっちも時には惚けてて『あ、○○さん？』なんて声に出してから、ウッと思いますよ。

見間違いだって……思うようにしてるんです。だってこっちはひとりなんですからね。そんなとき、タイミングよくトイレの水でも流れた日にゃ、ゾッとします。

でも、去年かな。ドアの隙間に見えたのがひとりじゃなかったんですよ。何人かまだ一緒に覗いてるっつうか。

『入れるの？　どうなの？』みたいな酒飲みの愉しみみたいなのが伝わってきたんですよね。

それからはそんなことが起きたときには、グラスに一杯だけ良い酒を注いで置いていくようにしてるんです。

死んでも来てくれるなんて嬉しいですからね。

別に次の日に来たら空っぽになってるなんてことはありませんよ。

置いたっきり、氷が溶けてそのまんま。

でもね、妙にそういうことがあった日の後には懐かしい馴染みが顔を見せてくれたり、客の中に良いことがあったりするんですよ。

そういうのは嬉しいですよね。

酔い

親父は神戸で土木の親方やってたんです。勿論、酒が大好きでね。バブルの頃なんざ、よくへべれけになるまで呑んでました。厭な酒じゃないんです。最初は冗談ばっかしの明るい酒でね。でもね本当に好きなのは、ひとり酒。私ら家族から少し離れたところでぼんやり肴《さかな》をいじくりながら呑むのが好きでした。本人に云わせると静かで良いなんて云ってましたが、あれは私ら家族を眺めて呑んでたんでしょうね。親父は早くに両親を亡くしましたから。

ある夜中、便所に覚めると、まだ親父が呑んでたんです。帰りに手招きされましてね。小ちゃなちゃぶ台の横に座らされて……『見ろ』ってんです。云われたとおり親父の指先を眺めると、ちゃぶ台に置いたお猪口《ちょこ》がかたかた震えた途端、くるくる回ったんです。びっくりしちゃって顔を上げると、親父が真っ黒く日焼けした顔に皺《しわ》を一杯浮かべて『なあ。父ちゃん、すげぇだろ』って。どうも酔うとそういうことができたらしいんですよ。当然、私もやりたいって云ったんですが、大人になって自分で稼いだ金で呑まなくちゃできないって云われてねえ。ふたりの秘密だぞって釘を刺されました。それからも何度か親父の手品（超能力とは云いませんでした）を見ましたよ。

ところがある時、人に騙されて会社が潰れてしまった。一家離散とまでは行きませんが家は取られ、会社もなくなりました。親父はよっぽど悔しかったんでしょうね。酒を呑みながら騙した相手をずっと呪ってましたよ。私、その時のことをソッと見たんです。お猪口がピッって鳴くとふたつに割れた。明くる日、雨戸を開けたおふくろがとんでもない声を上げたんです。私らの貸家の庭先で人が首を括《くく》ってたんです——親父を騙した人でした。逃げ回ってたはずなのに。やっぱり良心が痛んだでしょうか。

それから親父は生涯、酒を辞めちまいました。そのことを大人になってから一度だけ聞いたことがあったんですよ。すると——「ポケットになあ」って云うンです。刑事さんが首吊った死人が翌日発の飛行機のチケットを持ってたって。「高飛びを決め込んだ男がわざわざ首括りに戻るわけがねえよ。第一、野郎はそんなヤワなタマじゃねえんだ。殺しても死なねえような男だ。だから……酒は辞めたのさ」そう親父は云ってましたね。

いちげん

いちげんが来ましてね。他に客もいなかったから、静かに呑んでくれるんならってことで入れたんです。約束は守りましたよ。黙ってありがたいことに高い酒ばかり選《よ》ったみたいに呑んでくれたんです。

だいぶ召し上がった頃、その人がふと顔を上げて棚に預けた鞄を指差したんです。「マスター、俺がここに首を持ってるって云ったら驚くかい？」って。

なので私が「いえ……短い髪の眉の上に薄く傷のある女の人のですよね」って答えるとサッと顔色を変えて出て行っちゃった。

その人が来て暫くすると壁の小さな鏡の隅っこに凝《じ》っとその人を睨《にら》む女の顔が浮いたり沈んだりしてたから見たマンマ云っただけなんですけれどね。

わかばちゃん

介護施設で働く女性Sさんの話。

「ドールセラピーって知ってます？」

いきなり聞かれて私は首をかしげた。

ドールセラピーとは、認知症の老人用につくられた赤ちゃん型の介護用人形――といっても中にはコンピューターが内蔵されており、千通り以上の会話ができるロボットなのだが――を使って、小さく可愛らしい人形を抱くことで触覚を刺激し、会話をすることで認知症の進行を緩《ゆる》やかにするセラピーだ。

それがSさんの施設でも導入されることになった。

「正直、あまり大きな期待はしていませんでした」

ところが、三体の介護用人形を導入したところ、女性入居者のみならず、男性入居者にも人気が出た。

「孫を連れて面会に足繁く来てくれる家族がいる入居者さんでも、誰も来ない平日は寂しいですよね。お孫さんが大きくなった方や、いない方は尚更ですよ。だから、みんなホールにいるお人形とお話するのが楽しみになったみたいで」

人形の名前はそれぞれ『わかばちゃん』『さよちゃん』『はじめくん』。

一日中抱っこして話しかけている人もいれば、孫のようにその人形をひざに置いて、周囲の入居者と自分の子育てについて花を咲かせている入居者もいる。

「やっぱり、子供って人の心を和ませるんですね。たとえそれが——人形でも」

入居者同士のホールでの会話も活発になり、職員たちも導入に手ごたえを覚えていたところだった。

「ホールに出てこられる人はいいんですが、お部屋で寝たきりの方もいますよね。その人たちは他の入居者さんたちとも交流がとれないので、口数が減って——表情も乏《とぼ》しくなっていくんです」

今度は、部屋から出られない入居者のために『お散歩タイム』と銘打って、ホールから人形たちをそれぞれ部屋に連れていくことにした。

「こちらも入居者さんから好評で、私も最初は喜んでたんですけど」

Sさんが表情を曇らせた。

「個室入居者のTさんが、わかばちゃんをどうしても手離さないって言い始めて」

Tさんは腰椎《ようつい》を骨折していて身動きがとれないでいた。

ホールに近い部屋なので、ドールセラピーで盛り上がる入居者たちの声でいてもたってもいられなくなり、真っ先に人形を連れてきてほしいと言っていたのだが——。

「それから部屋にずっと置いておきたいって言うんですよ」

他の入居者の手前、一人が独占する状態は良くないような気がしたが、個室入居者の部屋に置いて、どういった効果が出るのか様子を見ようという上司の意向で、わかばちゃんはTさんの部屋専属の人形となった。

「Tさんは大喜びでしたよ。一人でずっと天井を見ているよりは、会話してくれるかわいい人形がずっとそばに居るんですから」

寝たきりになって以来、減っていたTさんの食欲が徐々に増え、表情も豊かになっていった。眠るときもわかばちゃんを抱いて寝るので、眠剤を与えずとも眠れる夜が増えていった。

ドールセラピーが目覚ましい効果をあげていることに、Sさんの上司は満足していたようだが——。

「私はちょっと怖くなってきたんです」

わかばちゃんのことである。

三体の人形がホールに置かれていた時からだそうだ。Sさんが夜に巡回していると、ホールの方から視線を感じる。ホール中央のテレビ横の棚に、三体の人形が並べられているのだが——他の二体が真正面を向いていても、わかばちゃんの首だけが、廊下の方を向いていた。

そして——まばたきしたのだという。

「あの手の人形ってセンサーがはいっているので、ちょっとの音でも反応することがあるんです。だから、就寝時間と起床時間をセットしておけば、その間は子供のように瞼《まぶた》をとじて眠っているようになるんです。なのに……」

わかばちゃんにセットされていたタイマーを確認すると、時間のセットに間違いはない。まばたきしたことなど嘘のように、目を閉じて眠ったような状態になっていた。

「だから……Tさんの部屋に行ったのがそのわかばちゃんだったので、少し嫌な感じがしていたんです」

ホールで深夜にあった出来事を同僚に話したが、誤作動ということで片づけられた。

これ以上言えば、変に思われるのは自分だと思い、何も言わなかったのだが――。

「また、夜間巡回していた時でした」

その日は静かな夜だったという。徘徊もなく、ナースコールも鳴らなかった。

入居者の部屋を一つ一つ巡って、様子を見るだけ。

廊下を歩いているSさんに話し声が聞こえてきた。起きている入居者がいるのだろうか――そう思って、声のする方へ向かうと、Tさんの部屋だった。

――あぼあぼあぼあであであであであであであぼでででで。

「Tさんの寝言かと思ったんです。だって低くてくぐもった声だったから」

切れ目のない呪文のような声――Tさんの眠りが浅いのか、とドアを開けてSさんは、ヒッと声をあげた。

「わかばちゃんがこっちを見てたんです」

見ていた、と言えば語弊があるだろう。たまたま、ベッドから離れた場所にあるテーブルの上に置かれた、わかばちゃんの首がこちらを向いていただけなのだが。

「そして……タイマーが切れている時間なのに、ずっと早口で言ってるんですよ。遊んで遊んで遊んであそぼあそぼあそぼ……って」

Tさんの顔には苦し気な表情が浮かんでいる。
Sさんは具合でも悪いのかとTさんの状態を観察したが、異常はない。
無理に起こすのも気がひけたので、Tさんはそのまま寝かしておいたという。
ただ、わかばちゃんが誤作動するのを避けるため、電源は落とした。
次の時間が来て、今度は一緒に夜勤を組んでいる職員が巡回に行った。
「ねえ、わかばちゃんのタイマー、切らなかったの？」
巡回から戻った同僚が、日誌に記入していたSさんにそう言った。
Sさんはキーボードを打つ手を止めた。
同僚によると、Tさんの部屋でわかばちゃんがずっと話していたらしい。
Sさんが先ほどの巡回のことを話すと、同僚も顔色を変えた。
「気のせいかも、電源を切ったって思っただけで……」
こわばった空気を和らげるようにSさんは言って、二人でTさんの部屋に向かった。
Sさんが明るくそう言っても、二人の足取りは重かったという。
Tさんの部屋のドアに手をかける。
と、中から——。

「もう見ないで、堪忍して堪忍してよ寝かせてよ……お願いよ」

とTさんのつぶやきが聞こえてきた。

同僚とともに、慌てて部屋に入る。Tさんは目をつむったまま呻《うめ》いている。

わかばちゃんは何も言わず、ただTさんを見つめているだけだった。

「さすがに気味が悪いでしょ。で、わかばちゃんをホールに持っていこうとしたら」

持ち上げられなかった。

介護用人形の重量は大体一キロ前後なのだが――まだ若いSさんが腰に力を入れないと持ち上げられない重さに感じられた。

「持ち上げたあとは、ふっと軽くなったんですけど――あの異常な重さ、動けない入居者を持ち上げるような、そんな感じで……」

わかばちゃんは誤作動が多いため、故障の疑いあり、ということでメーカーに送られた。

それからまもなく、Tさんが亡くなった。

あの一件以来、Tさんの部屋に介護用人形は置かれなくなったのだが――。

Tさんは亡くなるまで、もう見ないで、寝かせてよと呟いていたという。

「重い持病もあったわけじゃなく、お歳の割にお元気だったんですけどね……」

わかばちゃんは故障箇所なし、ということで施設に戻ってきたが――今は倉庫に入れられたままになっているという。

木漏れ日

「これ、昔の話ですけどね、こんなのでいいのかな」

そう言ってFさんは語り始めた。

「旅行代理店に勤めてたんですよ。で、若いころは海外ツアーの添乗員したりしてね」

添乗員として同行したのもハワイ、ロンドン、パリといった海外旅行ブームの端緒となった場所ではなく、ちょっと変わった所に行っていたのだという。

「冷戦下のソ連ですよ」

当時のソビエト連邦は外貨獲得のために海外旅行客の受け入れに積極的になっていて、西側からのツアーが意外と多かったらしい。

「日本からはね、横浜で船に乗って、ナホトカで降りて、それからハバロフスクでシベリア鉄道に乗り換えたんですよ」

ナホトカは軍港だったので、写真撮影が禁止されていた。

せっかく来たというのに、写真が撮れないとつまらない。

ハバロフスクでは名所旧跡に案内して、写真撮影が許可されている場所で、自由に写真を撮らせて客を楽しませたという。

「で、その時に日本人墓地がある公園で森をバックに記念写真を撮ったんです」

ツアー後帰国したFさんは、集合写真を現像して客たちに送付した。

それにはFさんも写っていたので、一枚自宅に持ち帰ったのだという。

その写真を、ダイニングテーブルの上に置いたところ――。

「うちの小僧が写真を見て、口をあんぐり開けてるんですよ」

Fさんから見れば、森をバックに、ツアー客と一緒にとった何の変哲もない集合写真だ。木漏れ日がきれいだろ、その写真――とFさんが言うと――。

息子さんは震える指で、集合写真のバックにある森からの木漏れ日をさした。

「パパ、これ、木漏れ日じゃないよ――」

ぜんぶ人の顔。

言われてギョッとしたFさんも写真に顔を近づけた。

葉と葉の間が白くなっているのは太陽の光ではなく――すべて小さな顔だった。

「アジア系の顔でした。たぶん……亡くなった抑留者なんでしょうね」

穴場

三十代のＯさんが小学生の頃の話である。

「海が近かったんで、遊びっていったら浜で泳ぐか釣りをするかでしたね」

休日に友人たちと連れだって、他の釣り人が近づかない穴場に行くことにした。

自転車のカゴにバケツを入れ、荷台には釣竿をくくりつけて、自宅から少し離れた穴場を目指す。小遣いで通り道にある釣具屋で生餌を買った。

全員、意気揚々としていたという。

「穴場っていったって、他の場所より釣れるわけじゃないんです。ただ、干潮になると、小さな島が顔を出すのが面白い場所で」

その島は、干潮の時だけ畳二畳分の広さがある平らな岩が姿を出す。

「潮が引き始めると魚も動きが良くなるんで、岩のてっぺんが見える頃が釣り時なんですよ。だから、その頃を狙って行ってましたね」

磯釣りに慣れている友人たちは、お小遣いを分けて買った生餌を釣り針にかけると、投げ釣りを始めた。

錘《おもり》を落とすポイントはもちろん、例の岩の当たりだ。

友人が次々と釣り糸を垂れる横で、Oさんは竿を振りかねていた。

その様子を見た友人が、不思議そうに、なぜ投げないのかと声をかける。

「だって――あそこにランニングの爺さんいるじゃん。当たったらヤバいだろ」

岩の上には、長靴にステテコ、ランニング姿の爺さんが沖を向いてしゃがんでいる。

足元は波で洗われているが、あの場所に慣れているのか、よろめく様子もない。

「俺らが着いた時から爺さんがそこにいるから、友達がそこに錘を落とすたびに爺さんに当たりやしないかと俺、ハラハラしていたんすよ」

Oさんの視線の先を追った友人が、はぁ？　と奇声を発した。

「何言ってるの？　誰もいないじゃん。それにさ、今」

真冬だぜ。

「ようやく俺そこで気づいて――みんなと慌ててさっきの釣具屋に行ったんすよ」

息せききって入ってきたOさんたちから話を聞いた釣具屋のおじさんは顔色も変えずに「また出たか」と言った。

「で、真っ青な顔してガタガタ震えている俺らの顔見まわして」

――あの爺さん見たんだったら、あそこには二度と行くなよ。

とだけ言ったという。

「穴場っていうか、人が近づかない場所ってのはそれなりの理由があるんすね」

それ以来、Oさんも、友人もそこには近づいていない。

鈴の音

Yさんは二十代の女性。

「わたし、寝つきがいいのが自慢なんですよ」

不眠気味の私からすると羨ましい限りである。

Yさんは布団に入れば数秒で眠りに落ちる。ストレスフリーな睡眠生活である。

「でも一時期眠れないことがあって」

その時体験した話だという。

Yさんは一般事務職として会社に採用されていたが、勤続して数年たったころ、会社が方針を変えた。

「人材活用のため、一般事務から選んで総合職を作ろう、ということになって」

仕事にやりがいを感じていたが、引っ込み思案のYさんは自分から手をあげることはしなかった。しかし、それとは反対に同期のNさんは仕事への意欲が強く、その話を聞きつけてから上司にアピールしに行っていたという。

「Nちゃんとは同期で、ランチもいつも一緒に食べに行く仲でしたから、応援していたんです。私もなりたかったけど……Nちゃんの方が似合っていると思って」

しかし、面接は希望者だけでなく、全一般職を対象に行われ、それで決められることになった。

Nさんは面接でも熱心に仕事への意欲を語ったのだが――。

「Nちゃんじゃなく、何故か私に決まったんですよね」

一般職から総合職に転じた女性第一号がYさんとなった。

堅実な仕事ぶりと、周囲との協調性を重視されて登用されたらしい。

Nちゃんは怒るだろうか――Yさんはそう思ったのだが、Nちゃんは心から喜んでくれた。同期の女の子たちを誘って、昇進を祝うパーティーまで開いてくれた。

「一般職は基本的に指示されて動く感じでしたけど、総合職になると勝手が違って」

毎日残業になり、忙しい日々が続いた。

慣れるまできついのは仕方がないよ。でも、Yならやれると思う――疲れた様子のYさんを見て、ランチの時にNさんが慰めてくれたという。

「その言葉を聞いて、そうだな、みんなに期待されてるんだ頑張ろう、って思って」

Yさんは弱音を吐かず、仕事に励んだ。

半年ほどたって、ようやく仕事に慣れてきたころ――。

「何故か、寝つきが悪くなってきたんです」

精神面でのストレスが原因だろうか――とも考えたが、仕事はこなせているし、総合職になりたてだったころほどのプレッシャーは感じていない。

でも疲れているのかもしれないな――そう思ったYさんは半身浴をしたり、アロマを焚いたりして、リラックスにつとめたのだが――。

「なのにますます眠れなくなってしまって」

布団に入ると、いつものように数秒で眠りが訪れようとするのだが――。

何故かそこで目が覚めてしまう。

また布団のぬくもりに包まれて、意識が遠のきかけると、ふと目が覚める。

「朝までそれをくり返す夜が増えていって」

不眠が続けば、当然仕事にも差し障りが出てくる。

堅実な仕事ぶりが評価されたYさんだったが、失敗を繰り返すたびに、やはり荷が重かったか……という上司や同僚からの視線を浴びるのが辛かったという。

「ちょうど、私が仕事で落ち込んでいたころに、妹が家に泊まりに来たんです」

北海道のYさんの実家近くの大学に通う妹が、とあるアーティストのコンサートのために上京して、宿代わりにYさんの一人暮らしの部屋に泊ったのだという。

コンサートを満喫し、興奮気味に帰ってきた妹と、Yさんは久しぶりに姉妹水入らずの時間を過ごした。元々仲の良い姉妹なので、Yさんは妹にならら、仕事の失敗やプレッシャーを臆面なく話せたという。

「ストレス……かなあ」

と妹はYさんの話をひと通り聞いて言った。

「妹はすぐに寝入る私とは真逆で、寝つきの悪い子なんですよね。それに——昔からカンの強い子で。その子が首をかしげてるので、何かな、と思ったんですけど……」

その夜、妹はYさんのベッドの隣に布団を敷いて横になった。

久しぶりに妹と長話をし、疲れたYさんが眠ろうとすると——。

やはりすぐに目が覚める。

眠りと覚醒の間を彷徨《さまよ》うYさんが目を開けると——。

「妹がこっちをすごい顔で睨《にら》んでいたんです」

驚いたYさんが、妹に何か怒っているのかと聞いた。

「鈴の音……しない？　お姉ちゃんが寝ようとすると、チリンって鳴るんだけど。あたしもそれで眠れないんだ。鈴、鳴らしてないよね？」

当然、そんなものはベッドに持ち込んでいないし鈴など持っていない。

「眠れないの、その鈴のせいだと思うよ」

妹はそう断言したが、Yさんは今まで鈴の音など聞いたことがない。

妹の気のせいだろう――そう思ったが、言われてしまうと気になって仕方がない。

気にはなるが、もともと寝つきのいい体質のYさんは布団にくるまれていると瞼《まぶた》が自然と降りてくる――その瞬間だった。

チリン。

微かな音だが、確かに聞こえた。

暗闇の中で、妹も息を潜めているのを感じた。彼女にも聞こえたのだ。

気のせいだ――そう自分に言い聞かせて目を閉じる。意識がすーっと消える瞬間。

チリン。

目が覚める。聞こえるか聞こえないかのささやかな音だが、これが眠りの邪魔をしていた正体かもしれない――。

目を閉じる――眠りかける。鈴の音。そして――。

「鈴の音に気づいてから、その音に意識を集中するようにしたんです」

チリン、と鈴の音が鳴った後に、何かボソボソッという声が聞こえた。

背筋が冷たくなるが、自分を苦しめる不眠の正体を見極めたくて、Yさんは鈴の音に意識を集中させる。

「怖かったですよ。でも、妹がいるから、勇気がついていたんですね」

眠りかける、鈴の音、囁《ささや》き声。怖ろしいが、耳を傾ける。

その繰り返しの中で、囁き声が何を言っているか、朧《おぼろ》げながらわかってきた。

「ちょちょちょちょ……よ……」

としか最初は聞こえなかったのが「ちょうだ」に聞こえ、そして最後に、

「ちょうだいよちょうだいよちょうだいよちょうだいよあたしにちょうだいよ……」

と、はっきりと聞こえた。

「Nちゃんの声でした。嫉妬……してたんですね、やっぱり」

Yさんは電気をつけ、妹に経緯をすべて話した。

それを聞いた妹は、そういう悪いのを追い出すには塩しかない、と断言すると、台所に駆け込んだ。Yさんに塩のありかを聞いた妹は、塩を袋ごと持ち出して玄関に盛り塩をし、布団にもザラザラ塩をかける。

そして極めつけは——塩を袋ごと窓から放り投げた。

「今話すと笑えるんですけど、あの時は私も妹も大真面目でしたよ」

塩まみれの布団では眠れないのでYさんはその夜、妹の布団に入って寝た。

「久しぶりに熟睡できました」

それ以来、Nちゃんの囁き声も鈴の音も聞こえなくなった。

核心も持てないし、そんな理由でNちゃんと縁は切れない。腹の底で何を考えているかわからないが——今でもランチにはNちゃんと一緒に行っているという。

「そうすると、鈴の音が聞こえるんです。あの音、Nちゃんの持っているお財布についている鈴の音だったんですよ」

なぜそんな不気味な相手と普通に付き合えるんですか、と私が尋ねると——。

「私が上手くいっているのを見て嫉妬で自滅するかな、って。私はそれが見たくって」

とYさんは悪戯っぽく笑った。

影絵

大学生の男性、Kさんの話。

「そもそも大家さんが悪いんですよ。大学二年の時に、アパートの契約を更新しようとしたら、大家さんが更新しないって言い始めて」

と、愚痴っぽく話しはじめた。

大家さんは高齢になって、アパート経営もきつくなり、このアパートを売ってその金で老人ホームで余生を過ごすことにしたらしい。

「そこは古かったぶん、家賃も安かったんですよ。引っ越すにしても、あのエリアで同じくらいの家賃ってのはそうそう見つからなくて」

結局、大家さんの伝手《つて》で似たような古いアパートを紹介してもらった。

駅から徒歩数分なのだが、紹介されたアパートへ行く角を曲がった途端、その通りだけは廃墟に来たような、そんな錯覚を覚えるところだった。アパートの階段から周囲の家を見ると、朽ちかけて屋根に大穴の空いた平屋の木造住宅が並んでいた。

「正直引きました。すげえところに来ちゃったなって。でも、家賃安いんで」

彼の部屋は二階の角部屋だった。六畳一間で風呂トイレは別。古さは以前のアパートと同程度なので、我慢できたという。

ただ――。

「夜になると、光の加減かわかんないんですけど、影絵みたいなのが浮くんですよ」

最初は壁に黒いボールのような影。

奇妙なことに影が浮くたびにボスッボスッと湿った音がしたという。

怪異、と言えば怪異なのだが――それ以上のことは起こらない。

「まあ、それで今も住んでいるんですけど」

影絵は時折浮くという。ボスッボスッという音とともに。

影は円から楕円になり、次に楕円に棒が生えたような形になっていったという。

「音は、壁に何か投げて、ぶつけて、落ちる。そんな音。でね、俺気づいたんですよ、中に身がつまった丸っこいもので棒がついているのって――」

――何かの生き物っぽくないですか。

前の住人が部屋の壁に何かをぶつけたのか、何のせいなのか彼にもわからない。

が、今はその影絵の楕円部分の先に、もう一つ小さな楕円がついているという。

Kさんがその影絵をカフェのナプキンの上にペンを使って丸と線だけで描いた。

子供の絵のような単純なものだが——生き物の形をしていることはわかる。

「いま、こんな影なんですよ。元は、ウサギかネコだったのかな〜」

影絵は日々濃くなっているという。

卒業まであと一年。親元も経済的に苦しく、今のKさんに引っ越す金などない。

「影絵ぐらい——我慢しないとダメですよね。ただの影絵なんだから。ですよね、吉澤さん」

私は何も言えず、ナプキンの上に描かれた絵に目を落とすしかなかった。

ひと目

介護のディケアーの仕事をしているケイコさんが、送迎車の運転手をしているミヤケさんから聞いた話。

ミヤケさんは、曜日によって決まったルートを送迎車でまわり、利用者であるご老人たちを乗せ、施設と自宅の間を往復する。その朝、送迎車で最初の家に向かうと、いつもは窓から顔を出して待っているその家の老人男性イクオさんが、その朝は玄関の外に立っている。あれ、めずらしいなと思いながらも助手席に乗せた。物言わずニコニコしていたイクオさんだったが、ミヤケさんが車を動かし始めると途端に寝息をたてはじめた。

イクオさんをそのままに、あと二人のご老人をピックアップして後ろの座席に乗せると、施設へと向かった。

施設に到着すると、横の寝ているイクオさんを後回しにして、後ろの二人を先に施設内に届けた。そしていざイクオさんを起こそうと車に戻ると、そこには誰もいない。

痴呆は出ていなかったから徘徊ではないはず。にしても何かあっては大変と、他のスタッフと近所を探すが見つからない。イクオさんの自宅へ電話をして、二階に住む独身の息子に事の次第を話すと「一階へ見に行く」と言う。スタッフが返事を待っていると、息子の慌てた声が響いてきた。「オヤジが倒れてます！」

かろうじて意識はあったものの、結局、イクオさんはその後、病院で亡くなった。早くに妻を亡くし、男出一つで育てた一人息子は独身のまますでに五十を超えている。同居していたものの、父親の介護はもちろん家のこともほとんどなにもしていなかったようで、いつも部屋は汚かった。イクオさんを放置状態にしていることをスタッフたちは常に心配していたのだったが――。

「そんな、親の面倒すらみられない息子だったが、さすがに最後にはひと目会いたくて、こういうことを起こしたんじゃないか」

送迎車のミヤケさんは、確かにイクオさんを車に乗せたんだよと頷き、その日は休みを取っていたケイコさんに後日話したという。

少年の霊の話

遠い昔、宗教弾圧で多くの人間が殺害された場所が各地に残っている。カネコさんの実家である、とある島にもそういった場所がある。今は「公園」として名づけられてはいるものの、地元では「気味が悪い」と誰も近づこうとしない忌《い》み場になっている。その公園へは国道から入った鬱蒼《うっそう》とした脇道を上がって行くのだが、その分かれ道のあたりで二十年ほど前、ひとりの男子中学生がひき逃げに遭って死亡した。後に犯人は捕まったが、いつしか夜にその道を通る人の間で男子中学生が公園への脇道を上がって行く姿が目撃されるようになった。「無念だったんだねえ」と地元の人たちは花を添えたりしていたが目撃件数は減ることはなく、いつしかお供えをする人もいなくなった。最近、不思議な噂が流れている。その少年の姿が年々育っているのではないかという。たまたま夜中に車で通りかかり目撃した人が「あれはもはや少年じゃなく中年の男性だった」と言い出したうえ、同様の話をする人が他にも多数出てきた。「公園」だけでも気味が悪いのに、さらに今も進行形の話だと地元の人は顔をしかめる。

掃除機の音

「まあ、こんなこと言ったらなんですが、正直迷惑ですけどね」とスナック「東京」のママが言った。

「何が迷惑ってね、お客さんが怖がるんですよね。願わくば、早くあっちの世界に行ってくださいって感じなんですが」

それは五年前に遡《さかのぼ》る。

スナック「東京」は、沖縄市赤道という場所の雑居ビルの一階にある。その真上の二階には、源氏名シビルさんという女性が経営する、スナック「シビル」があった。シビルさんは五十代の小太りの気のいい女性で、いつも笑顔を振りまさながら、毎日楽しそうに店を開けていた。昼の三時には店に入り、掃除機をかけ、雑巾で壁や棚を掃除し、うっすらと香水を振り掛ける。そして最初の客を笑顔で出迎える。それがシビルさんの日課だった。

悲劇が訪れたのは、二月の中頃のこと。

昼間の買出しの途中、与儀《よぎ》十字路のそばを運転していて、トラックと接触してしまい、あっけなくあの世の人となった。

その日のことを、今でも「東京」のママは覚えているという。

「その日、いつものように私は五時過ぎに店に入ったんですけどね。そしたら二階から掃除機の音が聞こえるんです。ぶつかるゴッッという音もいつも通り。『ああ、今日もシビルさん、頑張って早くからいらしているんだなあ』って思って、六時ごろ、挨拶に行ったんですよね。そしたら店が閉まってて、『あれ、さっき掃除だけして帰ったのかなあ』って思ったんだけど……。そしたら次の日ですよ、大家のおばさんがいきなりやってきて、『シビルさん、昨日交通事故でお亡くなりになって……』って聞かされたんです」

「え、本当に亡くなったんですか?」と「東京」のママは大家さんに聞いた。

「ええ、本当なのよ。与儀十字路で、即死だったみたい」

寒気を感じながら、ママはゆっくりと天井を指差し、大家さんにこう言った。

「あれ、聞こえます?」

二階からは掃除機をかける、ゴゴゴ、バッタン、ゴッンという音が聞こえていた。急いで二人で二階へ上がって、「シビル」の部屋の鍵を開けた。

中は真っ暗だったが、掃除機だけが部屋の真ん中に置かれて、コンセントにつながったままだった。掃除機を触ると、まだ温かかった。

「シビルさん。もう掃除はいいのよ。ごめんね。もう終わったのよ」

ママは優しく、暗闇に声をかけた。

返事はなかった。


それからも、時折掃除機のゴゴゴ、バッタン、ゴッンという音が、夜中になっても聞こえるという。結局あの部屋は、五年の間、何回も人が変わり、現在は空き店舗になっている。

きっとシビルさんが、掃除機をかけながら、見知らぬ人を追い出しているのだろう。スナック「東京」のママは、そんな風に考えながら、今日も店を開ける。

シニカジ

最初から何か嫌な感じがした。そう西原さゆりさんは思っていた。

西原さんが浦添《うらそえ》市にある車の修理工場に経理として勤めたのは五年前のこと。その頃から、西原さんは会社の裏側にぽっかりと口を開けている、巨大な洞窟が嫌いだった。

直径はおよそ三十メートルはあろうか。すり鉢式に下へと続く、石灰岩《せっかいがん》の洞窟がそこにあった。会社の裏はこんもりとした森になっており、そのど真ん中に洞窟があるのだ。話を聞くと、大昔は神が現れる神聖な洞窟だったようで、それが沖縄戦の時には壕《ごう》として使われ、多くの者がここで犠牲になっている。あまりに大きな穴であるために、今まで埋め戻されなかったが、実はここも会社の土地であるので、今後整地するかどうかで、ある日会議をした。だが建築業者に見積もりをさせてみると、あまりに深い穴であるため、結構な金額がかかることが分かった。そこで話はいったん振り出しに戻ってしまった。

ある昼休みのこと、西原さんと同僚の弓絵さんは、天気も良かったので、会社の屋上でお弁当を食べていた。と、二人の会話が途切れた瞬間に、人の呻《うめ》くような音が聞こえてきた。

最初、二人ともそれに気づいたのだが、修理のための工具の音かもしれないと考えた。だが音に何か生々しい意思のようなものがこもっている。

びっくりして屋上の手すりから下を見ると、裏の洞窟のすり鉢の斜面に、人が倒れてうめいている。

「まあ、大変……！」

西原さんたちはびっくりして、急いで下へ降りて行き、そこにいた社長さんなども交えて、一緒に洞窟へと向かった。

洞窟に着き、覗き込むと無数の人が倒れており、あるものは血だらけの腕を上げて、あるものは包帯でグルグル巻きにされた顔をこちらに向けて、助けを叫んでいた。

ところが、その光景を見た社長がこんなことを言った。

「西原さん、これはダメ。ダメやっさー」

「社長、どうしてですか？」

「彼らが見えるか？」

「はい、見えていますけど」

「あれは、シニカジ（死の風＝死んだ人）やっさー。みんな、急いで戻るからよ。大声を立てんようにして」

一緒に洞窟までやってきた社員は、それを聞いて寒気を感じながら、急いで会社まで戻ってきた。

「これで何回目かね？　やっぱり埋めたほうがいいやっさ」

社長たちは、その後会社の隅のほうに固まって、そんな話をし出した。

その後、すぐに西原さんと弓絵さんが屋上に上がって確認すると、洞窟の斜面には、人はおろか目立つようなものは一切見えなかった。


それから一週間ぐらいした夕方。社長が知り合いのユタ（沖縄のシャーマン的存在。巫女）を連れてきた。同じ浦添に住む有名な男性のユタだった。ところがユタは洞窟の手前まで来ると、社長に向かってこんなことを言った。

「あそこにある骨は全部拾ったのか？」

社長は、以前に大学の調査が入ったときに、ボランティアを含めて三十人近い人間で遺骨を拾ったことがあると答えた。

「あらん（そんなことはない）。あらんど。まだある。終わってない」

そう言い残すとユタは帰っていった。


それから三日後のことである。その日は平日であったが、朝の朝礼で社長がこう言った。

「今日は悪いんだけど、朝は洞窟に入ってもらって、骨を集めて欲しい。出来るだけ丁寧に、鎮魂の想いで、行《おこな》って欲しい」

そう言われて、社員はみな手袋とビニール袋を渡されて、洞窟に骨を拾いに行くことになった。

だが西原さんは社長から呼び止められて。「西原さん、あんたはここに残って、電話番してちょうだい」と言われた。

西原さんは、全部の社員がいなくなった事務所でたった一人残されてしまった。ああ、何か嫌な気がする。みんなと一緒に行った方が良かったんじゃない？　そう自問自答したが、社長命令なので、じっと我慢をしながら事務所に座っていた。

やがて昼前になり、社員たちがぼつぼつと帰ってきた。ビニール袋には、茶色い骨のかけらのようなものがいくつか入っていた。

最初の社員が事務所のドアを開けた瞬間だった。

事務所にある電話という電話が、一斉に鳴りはじめた。おまけに十一時四十五分だったのに、壁の時計も十二時の鐘を鳴らせ始めた。天井のスピーカーは、なぜか五時半に鳴るはずのブラームス作曲「家路」を流し始めた。事務所はカオス状態になった。

そんな時、平然と事務所に入ってきた汗だくの社長が、こんなことをぼそりと言った。

「私は不思議には思えないね。いくつか骨があったんだ。きっと喜んでいらっしゃるんだよ」

鐘と電話は、その後しばらく鳴り続けていたという。

しーびく、なとーさぁ

宜野座村《ぎのざそん》という村が、沖縄県北部にある。その集落出身の宜野座さんの話である。

その頃の宜野座村にはコンビニも、深夜営業のスーパーもゲームセンターもなかった。夜十時には完全な暗闇。光っているのは、電照菊の電球だけ。宜野座さんは、当時つるんでいた不良三名で、おんぼろの軽自動車に乗り、夜通し走りまくっていた。

ある時、知り合いの男女五人を軽自動車に詰め込んで、夜の宜野座村を走っていた。

すると一人の女性がこんなことを言い始めた。

「ねえねえ、心霊スポットとか行ってみない？」

その時車のハンドルを握っていたのは宜野座さんだった。彼はその時免許取立てで、宜野座村からそんな場所へどう行くのか、皆目検討もつかなかった。だがその女性はこんなことを言った。

「宜野座の博物館分かる？　あそこって、でーじ（すごい）怖いって聞いたけど」

宜野座さんはそんな話は初耳だった。だが話を聞くと、凄そうな場所であることが分かった。

彼女の話によると、沖縄戦当時、博物館の近くに野戦病院があったらしい。そこに連日運び込まれる傷病者は日に日に増えていった。そして連日のようにそこで亡くなる者が出たので、野戦病院の横に共同墓地を掘り、そこに全部埋めたという。現在は博物館の駐車場になっているのだが、彼女はぜひそこに行ってみたいと言った。

「何で行きたいば？」宜野座さんが聞いてみた。

「死んだ曾《ひい》オバアがそこにいるらしいから。挨拶しようと思って」

「ヤーはフラーか？（お前は馬鹿か？）」

思わず宜野座さんはそうつっこんでしまった。時間はすでに十二時を回っている。だが他の四人は乗り気なようで、俺はお化けなんか信じないだの、自分の後ろには強い守護霊がついているので大丈夫だなど、根拠のない話を繰り広げている。

運が良かったのか悪かったのか、宜野座さんは博物館の場所なら問題なく分かった。車はすぐに目的地に着いた。当然の話であるが、駐車場には人っ子一人いない。

彼らは車を降りてゾロゾロと駐車場の中を歩いた。どうやらその女性は前にも来たことがあるようで、体育館のある方へと先頭を切って歩いていった。すると途中で立ち止まり、そのままうずくまってシクシクと泣き始めてしまった。

「おい、どうしたんだよ」宜野座さんは声をかけた。

だが返事はない。小さな声で泣き続けている。

すると泣いていた女性が、いきなりしわがれ声でこう言い始めた。

「しーびく、なとーさぁ」

「何だって？」宜野座さんは思わず聞き返した。

「しーびく、なとーさぁ」

何か分からない方言を喋っている。宜野座さんはほとんど沖縄方言は分からなかったが、つるんでいた仲間の一人がこう言った。

「寒くなってきたなって、言ってる」

「寒い？　今八月だけど」宜野座さんが言った。

「しーびく、なとーさぁ」また彼女が言った。その時顔を上げた彼女の顔はまるで別人だった。髪の毛は白髪だらけで、どこかのオバアの顔が張り付いていた。

「うわあ！」全員が悲鳴を上げた。

他のものはみんな彼女を置いて逃げ始めたが、途中で宜野座さんだけは、ちょっと待てよと思い、逃げるのをやめた。

相変わらず彼女はそこでうずくまっている。ここで彼女を置いていったら、行方不明になるのではないかと思ったのだ。それに、彼女は曾オバアに会いに行くと言っていた。彼女の血筋のものが、彼女をどうにかするとは宜野座さんには思えなかった。

近寄ると、彼は言った。

「寒いですか、オバア?」

オバアは方言で何か言い、少し呻《うめ》いた。

「痛いんですか? どうして欲しいですか? あ、この女性はあなたの子孫にあたるみたいですよ。みんな元気にしてるらしいです」

するとオバアが顔を上げて、宜野座さんに「ヤーは、ぬーが? (あんたは、何?)」と言った。

「わったー(私)は、宜野座忠栄の家系のものです」宜野座さんは、自分の家系の中で一番有名な明治の祖先の名前を言った。

「ちゅうえいな?」

「忠栄です。その家のものです」

「あきさみよ（驚いた）」

それからオバアは腹を押さえて「アガー、アガー（痛い、痛い）」。アギジャー（何てこと）」と言い始めた。その頃には、仲間たちも心配して戻ってきていた。

「オバア、腹をやられたんですね」と宜野座さんが言った。「でももう大丈夫ですよ。子孫の人たちは、元気にやっています。何にも心配することはありません。ほら、彼女もオバアのことを忘れなかったから、会いに来たんですよ」

しばらくそんな話をしていると、オバアの顔だったものに微笑がまじり、やがて表情は元の彼女に戻った。

そして、彼女は涙を流しながら、なぜか「ごめんなさい、ごめんなさい」と謝っていたという。

気がつくと、村内パトロールをしていた自治会の大人たちも来ており、宜野座さんたちはそのまま夜の自治会館へと連れて行かれて、こっぴどく説教をされた。そして「ここは心霊スポットではない。二度とそんなことで遊びに来るな」ときつく言われた。

「でもね、それでよかったんですよ」と宜野座さんは言う。「その後、彼女の家に行って、亡くなったオバアの写真を見せてもらったんです。あの、月明かりの下で見たのと同じ顔をしていました。それに怖くなかったですよ。何と言うのか、あれは怖いものではなかったんです。そのオバアが、孫に会いにやってきて、自分がどうやってやられて死んでいったかを教えてくれただけだと思うんです」

今も博物館に行けば、彼女の曾オバアの名前が、埋葬者のところに載っているが、どうやって亡くなったのかなど、そういった記述はまったくない。でも宜野座さんははじめ、あの場所にいたものは全員知っている。そのオバアがどうやって亡くなって、一人寂しく埋葬されたのかということを。そしておそらくはもうあの場所にオバアはいないのだろうということも、宜野座さんには分かっている。

「しーびく、なとーさぁ」

寒くなってくる季節になると、宜野座さんはその方言を良く使う。すると、何だか心の中が温かくなるのだという。

シニマブイが夜歩く

戦後間もない頃の話である。

那覇《なは》市に暮らしていた大城家の家族は、沖縄戦終結後、捕虜収容所に送られた。大戦で兄と父を失った大城家は、女性のみ四名、オバアと母と長女のスメ子さん、そして次女のカナ子さんだけとなった。

戦後の那覇市は焼け野原であった。まるで神様が何かを罰した後のように、建物や木々や人間を丸焦げにして、どこかへ持ち去っていったような感じだった。

そんな中、記憶を頼りに、大城家の四人は実家のある場所へと戻ってきた。

那覇市の西側にあった家の敷地は、どこが隣の家との境界線かも分からなくなっており、かろうじて一つだけ、屋根の上に付いていたシーサーが、奇跡的に瓦礫《がれき》の中から発見された。それ以外はもはや見るも無残な状態であった。

そして、実家に戻った四人が一番困惑したのは、裏庭だった。

そこだけ、何か焼け焦げたものが無造作に積まれていた。

よく見ると、それは人間の屍だった。

おそらく家の付近で亡くなった日本兵、米兵、民間人たちなのだろうか。一箇所にまとめられて、まるで肥やしのように積み重ねてあった。半分以上白骨化していたが、まだ生肉が残っている死体もあった。

大城家の四人は、近隣の住人や、当時駐留していたアメリカ軍の兵士にも手伝ってもらい、近くの瓦礫《がれき》のない土地を掘り返し、そこに骨をすべて埋める作業を行った。供養してくれるお坊さんもユタも見つからず、花さえも手に入らなかった。ただ埋めて、その場にいた全員で手を合わせた。本当ならお酒や塩などをお供えして、逝ってしまった者たちにせめてもの供養を施したかった。だが、お供えするための水さえ、その時はなかったのだ。

やがて大城家は自力で崩壊した木造家屋をどかし、廃材を使ってバラック小屋のようなものを建てた。

だが戦後すぐの那覇市は治安が悪かった。夜はできるだけ明かりを消して、誰かが見張りで起きていることが多かった。

その夜は、次女のカナ子さんの当番だった。他の三人が寝た後も、一人で月明かりを眺めながら、起きていた。

と、誰かの足音が聞こえてきた。ざくっざくっという、規則的な人間の足音だった。それは小屋のすぐそばで止まり、カナ子さんは怖くなって思わず声を張り上げた。

「誰ね！　アメリカーの銃があるよ。撃つよ！」

するとしわがれ声の男性が、月明かりの中に現れて言った。

「みず、水ぐゎー……」

「ごめん。水なんてもうないさ。井戸も干上《ひあ》がってる。三軒隣の喜舎場《きしゃば》さんの家には、井戸ぐゎーあるから、そこでもらって」

「きしゃばーな？」

「そう、喜舎場さんのところ」

すると相手は、どこかへと消えてしまった。姿はシルエットでしか見えなかったが、足音だけ次第に遠ざかっていくのが聞こえていた。

しばらくすると、また別の足音が聞こえてきた。木戸のすきまから覗くと、月明かりに三人のシルエットが見えている。だがおかしなことに、三人とも日本兵の格好をしていた。

「誰？」

「水をもらいたい」はっきりした男性の声がした。沖縄のアクセントではない。

「水なんてもうないから。三軒隣の喜舎場さんのところに井戸があるから、もらったらいいさ」

「そうですか。ありがとう」

声ははっきりしており、シルエットの日本兵は三人とも深々とお辞儀をすると、またどこかへ去っていった。

そして夜明け前、五、六人の人たちが小屋の前にやってきて、こんな話をしているのを聞いた。

「そうしてからに、ここにくれば、水ぐゎーもらえるって、私は聞いたわけさ。でもよ、おそらく水はないわけさ。私には分かるわけ」

中年のボロボロの服を来た女性が、そんなことをぶつぶつ言っていた。

その様子を小屋から覗き見したカナ子さんは、思わず悲鳴を上げるところだった。

そこにいる人々の何人かは、確実に首がなかった。なのに、直立して歩いていたのだ。

朝になって、オバアにその話をすると、こんなことを言われた。

「それは、きっとシニマブイだよ。死んだ人のマブイ（魂）が、水を求めてさまよっているんだよ。カナ子、あんたお日様のあがっているうちに、ススキを取ってきて、サンとゲーンを作りなさい。作り方は教えてあげるから」

オバアに促《うなが》されて、カナ子さんと長女のスメ子さんは雑草の生い茂る場所に行き、ススキの茎《くき》を沢山《たくさん》取ってきた。

サンというのは、ススキの茎一本を結んだもので、これは主に個人のお守りとして使われる。それに対してゲーンは、ススキの茎三本を束ねて結んだものである。ゲーンは家の魔除けなどに使われ、サンよりも力が強いとされていた。カナ子さんたちは、サンとゲーンを何本も作り、家の敷地の隅にそれぞれゲーンを置き、サンは寝る前にそれぞれの枕元に置いた。

その夜、見張りはスメ子さんの担当だったが、カナ子さんは心配で眠ることが出来ず、一緒に窓の外を見つめていた。

夜十二時過ぎ、二人の男性がやってきた。昼間は見たことのない男性だった。家の敷地に入ろうとするが、玄関に置かれたゲーンを見ると、不思議そうにそれを眺めた。

手に取ろうとするが、それが出来ずに、家の周囲をぐるぐると回り始めた。そしていつしか姿が見えなくなった。

夜明け前にも何人かの日本兵がやってきたが、結局敷地内には入れず、朝になるとみんないなくなってしまった。

それから三日後、夜中に水を求めてくる人は、ぱったりいなくなった。彼らが果して生きている人なのかそうでないのかは、カナ子さんには区別がつかなかった。

一週間後のことである。

カナ子さんが朝の水汲みに、集落の中で唯一井戸のあった喜舎場さんの家に向かったときのこと。すでに何人かの大人が集まっていた。

「カナ子！　お前は来なくていい！」

いきなり知り合いのおじさんがそんなことを叫んだ。しかしもう遅かった。カナ子さんは見てしまった。

喜舎場家の立ち枯れのアコウの木に、人が四人、ぶら下がっていた。

みな顔見知りの喜舎場家の人たちだった。首吊りであった。汚物と血が、足元からボタボタと泥の上に滴《したた》り落ちていた。


あとでカナ子さんはこんな話を聞いた。

なんでも喜舎場家の人たちは、一週間前からおかしなことを言い始めたという。それは、夜になると死者が現れて、井戸水をくれと訪ねてくるのだと。最初は人助けだからと水をやっていたが、水をあげると、「お前も来い」と言われる。

「どこへ？」と聞いても、何も言わない。ただ、強烈な力で手を握ってくる。

平気で家の中にも知らぬうちに入ってくるものだから、困っている。何か良い知恵はないものかと、集落の人に相談していたらしい。


結局、彼らの亡骸《なきがら》は、大城家の敷地に積まれていた身元不明の死体を埋めたのと同じ場所に埋葬された。

その後集落では、夜になると水を求めてさ迷い歩く喜舎場家の人たちの姿がたびたび目撃されたという。大城家の提案で、集落のほぼすべての家にゲーンが置かれた。

それが功を奏したのか、しばらくして集落の間をさまようシニマブイは出なくなったという。

戦後、カナ子さんは、喜舎場家の人たちを死に追いやったのは、自分が井戸の場所を教えたからだと、一家自殺の責任の一端は自分にもあるのだと、罪の意識に苦しんだ。

それから毎年の終戦記念日になると、実家のそばの空き地に寄って、あの時出来なかった花と酒と塩をお供えするのが、彼女の慣わしとなったという。

タマガイ

仲田ゆみさんの夫である仲田成吉さんが急死したのは、八月の初め。慶良間《けらま》諸島のとある海で会社の仲間数人とダイビング中、成吉さんの姿がふいに見えなくなり、探したのだが、三時間後に海中に沈んでいるのが発見された。

ゆみさんは悲しみに沈んだが、成吉さんは会社の社長だったために、その後社葬や様々なことで時間を取られ、ほとんど一人で仏壇の前に座る時間はなかった。

いろいろな手続きや何やらがすべて終わったのは、四十九日が終わったころだった。

その夜、ゆみさんは成吉さんの遺影の掲げられた仏壇の前で、一人で涙を流すことが出来た。今まで二ヶ月弱に渡って誰にも見せることのなかった涙を、その夜は思う存分流した。

そして仏壇の前で疲れて眠ってしまった。

次の日の朝、ゆみさんはゴミ収集車の音で目を覚ました。なぜか一人でそのまま寝たはずなのに、彼女の上には薄い毛布が掛けられてあり、仏壇には今さっき灯したかのようなローソクと線香が二本、供えられてあった。

「朝子?」

ゆみさんはもしやと思って娘の名前を呼んだ。だが玄関には娘の靴はなく、鍵も閉まったまま。もしかしたら今さっき、ゴミ収集車の来たころに帰ったのかもしれない。

そう思い、何か食べようかとキッチンに行った。

すると亡き夫が寝巻き姿のまま、冷蔵庫を開けて何かを漁っている。

「お父さん、何をしているんですか?」

すると夫は、はにかんだように笑ってから、冷蔵庫を閉め、仏間のほうへと歩いていった。

「お父さん、待ってくださいな」

ゆみさんが追いかけると、夫は仏壇の前で、すっと消えてしまった。

それから遺影の前で、ゆみさんは一人泣いた。泣き疲れて、そのまま眠ってしまった。

目が覚めたのは昼の三時くらい。また自分で毛布を掛けた記憶はないのに、ちゃんと毛布が掛かっている。

「あなた、また掛けてくださったのね。ありがとうございます」

ゆみさんは遺影に一礼し、そのままトイレに行き、キッチンに戻ってきた。

するとまた冷蔵庫を開けている亡き夫に出くわした。

「まあ、あなた……」

夫は恥ずかしそうに笑うと、冷蔵庫を閉め、再び仏間に向かって歩いていった。

「ちょっと待ってください！」

そう声を掛けたが、再び夫は仏壇の前で、ふっと消えるようにしていなくなってしまった。

何かおかしいな、とゆみさんはそう思い、冷蔵庫のドアを開けてみた。

ほとんどが消費期限切れの食品ばかりだったが、なかに一つだけ場違いなものを発見した。それは、かなり大きなタマガイの貝殻だった。普通のタマガイは大きくても三センチくらいまでだが、そのタマガイは五センチくらいの大きさがあった。ゆみさんはこんな貝殻を冷蔵庫に入れた記憶はなかったし、その後娘たちや家に出入りしたものに聞いても、誰もこのタマガイについては覚えていなかった。

ところがそれからしばらくして、ゆみさんは若いころのことを思い出した。

ああ、これはあの時の。

しかし思い返すたびに、不思議だった。

それはもう、戻ってこないはずのものだったからだ。


若いころ、ゆみさんと旦那さんは沖縄から伊勢志摩へと旅行に行った。そこで、大きなタマガイの貝殻を売店で見つけ、二つほどそれを買い求めた。二人でブラジル丸という停泊している観光船に乗ったとき、デッキで貝殻と一緒に写真を撮った際に、旦那さんが手を滑らせて海の中に落としてしまったことがあった。

記憶ではそういうことになっていたが、もしかしたらそうではなかったのかもしれない。冷蔵庫にあったタマガイを手に取りながら、ゆみさんは、だんだんと自分の記憶、ひいては自分自身についても疑わしいところがあるのではないかと思い始めた。歳をとると、いろんなところにガタがきてしまう。夫だってそう。長らくダイビングをしてきたプロが、いきなり溺れて死ぬなんて考えられない。私もだんだん記憶がおかしくなってきたのかもしれない。

ゆみさんはタマガイを夫の遺影の下にそっと置いて、仏壇に手を合わせた。

ところが次の日、朝起きて冷蔵庫を開けると、昨夜タマガイが置いてあった場所に、同じようなタマガイがもう一つ置かれてあった。

急いで仏壇に行くと、仏壇には昨日のものが確かに置かれてある。

「これは、なんでしょう?」

ゆみさんは遺影にそう尋ねたが、答えは返ってこなかった。

それから二、三日すると、また冷蔵庫を開ける夫の姿があった。夫の姿は仏壇の前で消え、冷蔵庫の中にはまた同じタマガイが一個、置かれてあった。

そんな信じられないことが数回あり、仏壇には合計七個のタマガイが置かれた。

ゆみさんの娘である朝子さんは、ある日母親に呼び出されて、近くのファミリーレストランで一緒に食事をした。その場で、ゆみさんは娘に不思議なタマガイの話を聞かせた。

「でもね、今朝は違ったのよ」とゆみさんは若干不安そうな声で朝子さんにそう言った。「今朝はあの人、冷蔵庫を開けずに、こちらを悲しそうに見つめてから微笑《ほほえ》んで、そこで消えたの。だからね、あなたに会ってこの話をしようと思って」

「いやね母さん、まるで明日死んじゃうみたいな口ぶりだよ」朝子さんは言った。

「あはは、あの人が迎えに来てくれるんなら、それも悪くないわね」

遠くを見つめながら、ゆみさんはにこやかに微笑《ほほえ》んだ。


そして次の日、心配になった朝子さんが夜、母親の元を訪ねると、ゆみさんは夫の仏壇の前で冷たくなっていた。


この話にどんな意味があるのか、私にはわかりません、と朝子さんは言う。

ただ分かるのは、両親が最後までお互いを信頼していたことだけ。

それだけ分かったら十分なんですけどね。


ゆみさんと旦那さんの仏壇は、朝子さんの家に現在もあり、二人の遺影の下には、七つのタマガイが今もひっそりと置かれてある。それがどこから来たのかは、誰にも分からずじまいである。

「人生には分からないことがあるほうが素敵だと、父は口癖のようにそう言っていました。これもそのことのひとつなんでしょうね」

朝子さんは来年の夏、慶良間に行って、お父さんが亡くなった海にその貝殻を返そうと思っている。それが正しいやり方なのだと信じ、先日も仏壇の前でそのように報告したという。

最後の日曜大工

足立さんの祖父の保之さんは、日曜大工の名人であった。

若い頃、家具職人として修業を積んだせいか、箪笥《たんす》だろうがテーブルだろうが、すべて自分で作ってしまう。

今ではすっかり老いぼれてしまい、道具は物置にしまい込んだままである。

何よりも視力が衰えており、細かな作業ができるはずがなかった。


二ヶ月前のことだ。

保之さんが唐突に立ち上がり、道具を片付けてある物置に向かった。

どうかしたのかと訊かれても、返事もせずに道具を取り出している。

更に保之さんは、備蓄してあった木材を並べ始めた。

一枚一枚、触れるぐらい近くまで顔を近づけ、念入りに調べている。

とうとうおかしくなったかと心配する家族を尻目に、保之さんは木材を選び続けた。何度か吟味《ぎんみ》を加え、最終的に気に入った木材を自室まで運び込み、何かを作り始めたという。

細かい部分は顔を近づけ、それ以外は長年の経験に物をいわせ、着々と作業は進んでいく。

何を作っているのだという問いかけにも答えず、飲食も忘れ、保之さんは三日三晩で完成させた。

四日目の朝、げっそりとやつれた顔で保之さんが運んできたものは箱であった。

長さ百センチ、幅、高さ共に五十センチほどの箱である。

蓋には、人気ゲームのキャラクターが色々なポーズで彫刻されていた。

その何とも愛らしい仕上がりに、見ていた家族全員が吹き出した。

「爺ちゃん、こりゃいったいなんだい？」

「俺、使わせてもらおうかな。漫画入れるのに丁度いいや」

保之さんは完成させた途端、いつものように穏やかに居間でお茶を啜《すす》っている。

箱の処遇をどうするか話し合っている最中、足立さんの携帯が鳴った。

弟夫婦からだ。

電話に出た途端、弟の泣き声が聞こえてきた。

下の息子が一昨日から入院していたのだが、つい先ほど急死したという。

とりあえず病院に駆けつける約束をして、足立さんは電話を切った。

振り向いた足元に保之さんが作ったばかりの箱がある。

箱は、急死した子に丁度いい大きさであった。

蓋に彫りこまれたキャラクターは、その子が大好きなものだったらしく、弟夫婦は是非ともこれで送ってやりたいと望んだそうだ。


前もって棺を作った理由が、何ひとつ分からないまま月日は流れた。

先日、保之さんが再び大工道具を引っ張り出してきたそうだ。

今度もまた箱を作り始めている。全回と同じような大きさだが、蓋に彫り込まれたキャラクターが違っていた。

日曜日の早朝に放映しているアニメのキャラクターである。

足立さんは親戚縁者すべてに心当たりが無いか聞きまわっているという。

数珠繰《じゅずく》り

佐伯さんにとって気の重い季節がやってきた。
正月の里帰りである。
と言っても、帰る先は妻である美子さんの実家だ。
佐伯さん自身は両親とも亡くしており、帰る家は既に無い。
妻の実家は東北地方の山間にある小さな村だ。
半端でなく寒いが、人の心は暖かい。
「美子ちゃんの旦那さんなら、村の人間同然」
そういって、村中で大切にしてくれるのである。
それだけならまったく問題はない。
むしろ居心地が良いぐらいだ。
気を重くさせる原因は大晦日《おおみそか》の行事であった。
数珠繰りという。

特殊な行事ではない。世間一般でも普通に行われている。
通常は地蔵盆《じぞうぼん》に実施されるのだが、美子さんの実家では大晦日の夜十一時半だ。
まずは親戚縁者が輪になって座る。
輪の中心部には、それぞれの家から持ち寄ってきた位牌《いはい》が並べられる。
準備はこれで終わりだ。
そこに運ばれてくるのは、全長二メートルはあろうかという大きな数珠である。
この数珠を皆で持ち、珠を隣に送っていく。それを延々と続けるのである。
大きな房がやって来た時は額に押し当て、恭《うやうや》しく祈りを捧げる。
これだけを聞くと、時期外れなだけで特におかしなところは無い。
だが、他と違うところが二つある。
ひとつは読経。
佐伯さんは仏教系の大学を出ており、専門的な知識もある。
だが、この数珠繰りで唱えられる経が何なのかまったく分からないという。
何語かすら不明だというのだ。
東北の村ということで、かなり強い方言なのではないかと想像したのだが、どう発音するのかも分からない単語もあるそうだ。

けれども、その場にいる皆は難なくこなす。

小さな子供ですら例外ではない。

もうひとつは、この数珠繰りの目的である。

一般には、豊作祈願や疫病退治、先祖の供養などである。

が、ここの数珠繰りの目的は招魂。

先祖の霊を呼び出すのである。

事実、数珠が繰られるにつれ、座の中心に据えられた位牌から何やら白い煙のようなものが湧き出してくる。

それは徐々に、人の形になって漂う。

これが先祖だという。

皆はそれに向かって自らの現状を報告し、これからも見守ってもらえるよう頭を下げる。

これが夜通し続くのである。

何故なら、先祖の数は限りないからだ。

目前でそのような怪奇現象が発生しているのに、皆は至って平気な顔である。

はるか昔から綿々と続いてきた行事であり、こうあることが日常なのであろう。

が、佐伯さんにとってそれは異世界である。

何度となく、正月の帰省を避けようと試みたのだが、何故か気がつくと村に向かっている。

一年のうち、たった一日を我慢すれば済む話なのだと諦めるしかないらしい。


それは去年の正月のこと。

とんでもない出来事が起こってしまった。

例によって煙が形になり始めようとした瞬間、佐伯さんの手の中で数珠が切れたのである。

たちまち辺り一面に数珠が散らばった。

一瞬、間をおいて座が悲鳴で満ちる。

固まり始めた煙は一旦解け、再度集まっていく。

ところがそれは人の形になろうとしない。

何か分からないが禍々《まがまが》しいものに変貌していこうとしている。色も白ではなく、黒。

その場で見ていた全員が、一斉に逃げ出したそうだ。

わけの分からないまま、佐伯さんも美子さんの手を引いて逃げた。

美子さんは、泣きじゃくりながらついてきている。
二、三百メートルほど走ったところで振り返ると、実家は真っ黒な煙に包まれていたそうだ。
朝が来て、ようやく煙は消え去り、皆はそれぞれの家に帰っていった。

佐伯さんが責められることは無かった。

不可抗力としか言えないからだ。


その後、一月末までの間に親戚縁者から四人の死者が出たという。

死因は未だに不明だが、引っ張られたのだと皆は言う。

何に引っ張られたのかと佐伯さんが美子さんに聞くと、どうにも聞き取れない単語を答えたそうだ。

佐伯さんは自らの行いをとりあえず反省している。

やっている最中に数珠が切れたらどうなるか知りたくて、カッターナイフを袖に隠していたそうである。

責任感

去年の春、緒方家は未来を絶たれた。ひとり息子の正紀さんが交通事故で植物人間になったからだ。入学したばかりの高校からの帰り道であった。

犯人は、青信号で渡っていた正紀さんを撥《は》ね、そのまま逃げたのである。

家族が病院に駆け付けた時、正紀さんは昏睡状態であった。

全身と後頭部を強打しており、見るも無残な姿である。

失神した妻の美津子さんを抱きしめ、緒方さんは声を殺して泣いた。いくら泣いても涙は後から後から溢れ出た。

警察の全力の捜査により、犯人は逮捕された。

当初、緒方さんは犯人の名前すら教えてもらえなかったそうだ。

緒方さんの様態がようやく安定した頃、警察から連絡が入った。

及川明人。十七歳、無職、無免許の上に飲酒運転という最悪な状況である。

それだけが与えられた情報のすべてであった。

当然、保険に入っているわけがない。親権者に賠償責任はあるが、ないものは払えないと開き直る始末である。保護観察処分。それが及川の受けた罪のすべてであった。そして正紀さんは泣きも笑いもしない、ただ生きているだけの存在となった。

緒方さんは必死になって看病したのだが、何一つ進展しないまま一年が経った。

美津子さんはすっかり塞ぎ込み、緒方家から会話が消えた。

これではいけない、前に進まねば。そう思うのだが、止まった時間は動こうとしない。

何故こんなことに。俺たちが、正紀が、何をしたというのだ。

緒方さんは、そんなことばかり考えて過ごしていたという。

せめて一言でいい、及川に詫びてもらいたい。それだけでいいのだ。

賠償金すら要らない。ここで土下座して、自分がしでかした罪の重さを感じてくれさえしたら。

だが、緒方さんのそんな思いを嘲笑《あざわら》うかの如く、法律に守られた及川は病院にすら来なかった。

梅雨が明け、日差しが強くなってきた頃。

病院の窓から眺める景色は、すっかり夏模様である。

生き人形のような正紀さんの髪をとかしながら、緒方さんはふと思ったそうだ。

及川を殺そうかな

そう思った瞬間、次から次へと滑らかに計画が湧いてきた。

まずは妻と離婚してからだな。捕まっても構わないから、場所とか方法とかはどうでもいい。

「うん。殺そう。あんな奴、生きていたってしょうがない」

言葉に出した途端、手首を握られた。突然の事に驚き、下を見たが何も無い。

だが、掴まれた感触は確かに残っている。

まさか。意識が戻ったのか。緒方さんはじっくりと正紀さんを見つめ、語りかけた。

返事はない。

緒方さんはその瞬間、理解した。正紀は怨みなんか忘れろと言いたいんだ。だから、魂で俺を掴んだのではないか。

「なあ正紀、そうだろ？」

再び手首が掴まれる感触があった。緒方さんは、泣きながら詫びた。

そうだ、こいつを残したまま刑務所に入ってたまるか。緒方さんは、ようやく恨みから解放された気がしたという。


翌日から、徐々に正紀さんは衰弱していった。

治療にミスはなく、様態が平行線をたどっていたにも拘《かか》わらず、いきなりである。

次の朝、病室を訪ねる者がいた。

なんと、及川であった。及川は、病室に入るなり土下座をした。床に頭を打ち付けるほど激しく、何度も詫びた。

戸惑った緒方さんがわけを訊くと、及川はこう答えた。

「正紀さんが現れたんです。俺をすげぇ目で睨《にら》んできて、そうやって見られるだけで頭が痛くて痛くて鼻血が出てきて」

このままじゃ殺されると分かったから、慌てて飛んできたらしい。

そこまで聞いて緒方さんは、すべてが納得できた。

ああそうか。正紀は俺を人殺しにしたくなかっただけだ。こいつを許したわけじゃない。

自分で決着をつけるつもりだ。責任感のある子だったからなぁ。

のんびりと、そんな感想を抱いたという。

緒方さんはにこやかに微笑《ほほえ》みながら及川に言った。

「及川くん」

「はい」

「死ねよ」


その後、及川は電車に飛び込んだらしい。

死ぬ時まで人に迷惑をかけるんだなと緒方さんは笑ったそうだ。

及川が飛び込んだのと同じ日に正紀さんも呼吸を止めたという。

今現在、緒方さん夫婦には少しずつ会話が戻ってきている。

走っていく少女

遠山さんが暮らす街は、このところ急速に開発が進んでおり、住民も増加の一途を辿っている。

朝の通勤電車も、去年とは比較にならないぐらいに混むようになった。

特に多いのが学生だ。沿線には三つの高校があり、朝のひと時は学生で溢れた。

その割に駅前は開発が遅れ、車の混雑も解消される様子がない。

それは頻繁に発生する交通事故の最大の要因であった。


その日、得意先に直行する予定だった遠山さんは、いつもよりも遅い時間に出勤した。

駅手前の交差点を渡ろうとしたところで、歩行者用の信号機が赤に変わった。

いつもより三十分遅いだけで、車の流れが激減しており、無理をすれば渡れそうだ。

が、特に急ぐ必要もない遠山さんは、のんびりとスマートフォンの画面に見入っていた。

背後から近づく足音に何気なく振り向く。足音の主は女子高生であった。

遅刻寸前らしく、顔を真っ赤にして全力で走ってくる。

上りの電車が近づいてきているのが見えている。

どうやらそれに乗りたいようだ。

残念ながら、この交差点の赤信号は長い。あと二分は待たねばならない。

ああ、これは遅刻だなと遠山さんは同情した。

が、次の瞬間。

その子は躊躇《ちゅうちょ》なく道路に飛び出した。

誰かが危ないと叫ぶ声。悲鳴。急ブレーキの音。その三つが一斉に耳に飛び込んできた。

その後、衝突音が響き渡った。

ついさっきまで元気よく走っていた女子高生が、信号機に絡みついて微動だにしない。叩きつけられた衝撃によるものか、口から内臓らしきものが溢れている。

体の何処《どこ》からこんなにと思わせるほど、大量の血液が溢れて地面を染めていく。

撥《は》ねた車の運転手は高齢の男性だ。ハンドルに捕まったまま、呆然と口を開けている。

遠山さんは、もしも助けられるものなら、何とかしてあげたいと思ったそうだ。
だが、どうにもならないのは見てすぐに分かったという。
救急車とパトカー、両方のサイレンが近づいてくる。
その時、女子高生が起き上がり、また走り出した。
けれど信号機には、まだ絡みついたままの女子高生がいる。
折しも到着した救急隊員と警察官が、険しい顔つきで近づいていく。
走り出した方の女子高生は駅の中に消えていった。
その姿を見送りながら、遠山さんはこう思ったという。
あの子はいつ、自分が死んでることに気づくのだろう。
電車の中か。友達と挨拶しようとした時か。教室に入った時か。
いずれにせよ、なんとも救いようのない状況だ。

信号機が故障したらしく、警察官が交通誘導を始めている。
促《うなが》された遠山さんは、左右をよく見て渡った。

無節の木

梶谷さんが林業をあきらめたのは、去年の秋である。

そもそもの出発点の話だと前置きし、梶谷さんは無節の木を知っているかと言った。

無節と書いて、むふしと読む。

要するに、節がまったくない木材である。

枝打ちを怠《おこた》らず、丁寧に育てあげなければならない。謂《い》わば、長い時間の結晶だ。

四面が無節だと、販売価格が桁《けた》違いになる。

梶谷さんの自慢の一本は、先祖代々育ててあげてきた百年物の杉の木であった。

伐採当日、長年かけて育てた息子ともいうべき杉に対面した梶谷さんは、まず深々と頭を下げた。

堂々としたその姿に、自然とそうなったのである。

では、いよいよとなったその時、梶谷さんは信じられない物を見た。

真新しい五寸釘で打ち付けられた藁《わら》人形である。

しかもその数、十体。一ヶ所に留まらず、あちこちに分散して打ち付けられていた。

梶谷さんは、たっぷり五分は固まっていたという。

次に絶叫、怒号と続いた。

大切な息子を殺されたも同然である。

何よりも、商品としての価値が屑《くず》同然になる。

先祖代々育ててきた資産を僅か十本の釘で、お釈迦《しゃか》にされてしまったのだ。

梶谷さんは村に駆け戻り、憤怒の表情で犯人捜しを始めた。

木を育てる者にしてみれば、これは殺人と同じである。

心底同情した村人が一緒になって捜すうち、ひとりがふと疑問を呟いた。

犯人は村人以外ではないか。

村人なら、これがどれほど極悪な行為か知っているし、もしもバレたら村八分は免れないことも分かる。

そもそも、梶谷さんは恨まれるような人間ではない。

その疑問に対し、違う意見も出た。

素人があんな山奥に入れるのか。

他にも沢山《たくさん》の木があるのに、一番価値がある木を選ぶなんて素人とは思えない。

何をどう恨むかなんて、誰にも予想はできない。

それぞれの意見に尤《もっと》もな点がある。

場が紛糾しかけた時、誰もが納得してしまう答を出す者が現れた。

梶谷さんの母親である邦子さんだ。

村人以外で、あの杉が大切なことを知っている人間が、ひとりだけいる。

そう言って邦子さんは、思い詰めた顔で皆を見回した。

「知子。うちの嫁だよ」

二年前に嫁いできたばかりだから、まだまだ村人とは言えない。

それでも、木が大切な収入源だと分かっている。

息子に連れられて見に行ってるから、あの杉の場所も知っている。

「いい加減にしろ、母さん。なんで知子がそんなことしなきゃならんのだ」

「理由なんか知らん。この間から夜中にどこか行くのを見ただけだよ」

何の根拠もなく、この場で疑ってみても仕方がない。

村人たちは藁人形を調べ、梶谷さんは妻の持ち物を調べることになった。

その結果、残念なことに知子さんのタンスから藁人形と五寸釘が出てきたのである。

杉の木から回収してきたものと同じであった。

その二つを突きつけられた知子さんは、涙ながらに訴えた。

確かにこれは私が作ったものだが、使ったことはない。

辛い時や悔しい時に作って眺めるだけで胸のつかえが取れた。

それだけで満足していたから、本当にやったことなんか無い。

今は、本当につまらないことをしたと思う。

知子さんは言葉と誠意を尽くして、潔白を主張したそうだが、誰ひとり聞く耳を持たなかった。

こうして二度目の結婚記念日を迎えることなく、知子さんは離婚届を突きつけられた。

当然といえば当然である。

そんなものを作ってしまうような業の深い女だということ自体が、梶谷さんにしてみれば裏切り行為であった。

少し冷静に考えれば、おかしなところもあるのだが、当時の梶谷さんにはそれだけの余裕が無かったのだという。

ようやく八ヶ月になったばかりの息子は、梶谷さんが育てることになり、知子さんは独りきりで村を出ていった。


それから半年経たぬうちに、梶谷さんの元に知子さんの訃報が届いた。

知子さんは、自宅で首を吊ったのである。

遺体は酷い状態であった。

五寸釘を使い、自らの体に大量の藁人形を打ち付けていたらしい。

母親の邦子さんは自業自得だと笑ったが、梶谷さんは、さすがに胸が痛んだそうである。

だが、もっと胸が痛むことが待ち受けていた。

村の集まりで酒を酌み交わしている時のことだった。

梶谷さんの隣に、友人の中田が座った。

何やら思い詰めた表情である。

持っていた酒を一気に呷《あお》り、勢いをつけた中田は、ようやく話し始めた。

「あんたんとこのお母さんな。もしかしたら、とんでもないことをしたかも」

中田の家で、地域の老人が集まった時のことらしい。

邦子さんは、知子さんのことを訊かれ、こう言ったそうだ。

「たった十本の釘を打っただけで追い出せたから上出来だよ」

つまり、それはどういうことか。

理性が出した答えを感情が否定する。

梶谷さんは、聞かなかったことにするという安全策を取った。


その夜。

梶谷家を知子さんが訪れた。

いつの間にか居間に立っていたらしい。

その体には、大量の藁人形が打ち付けてあった。

知子さんは無言のまま現れ、無言のまま消えた。

あまりの恐怖に身動きもできない梶谷さんと母親の邦子さんの隣で、息子だけが楽しげに笑っていたそうだ。

翌朝、邦子さんは起きてこなかった。

様子を見に行くと、邦子さんは自分の喉に五寸釘を何本も刺して倒れていた。

病院に搬送された時点では生きていたのだが、苦しみ抜いて三日後に亡くなったという。

それ以降、梶谷さんが所有する山では、丁寧に育てたはずの木が節だらけになってしまう。

二束三文の値段しか付かず、とうとう廃業を余儀なくされてしまったのである。

梶谷さん自身の健康状態も思わしくない。

胃壁に、木の節のようなポリープが無数にできているそうだ。

年中行事

今から三十年前、高井さんがまだ十代の頃の話である。
中学二年の夏休み最終日、高井さんの同級生が亡くなった。
名は青木聖子。あまり目立たない女子であった。
青木聖子は、農業用の溜め池に沈んでいるのを発見された。
発見された前日から捜索願いが出ており、付近を探していたところであった。
遺書らしきものは残されておらず、当時の警察は事故として処理したらしい。
だが、青木聖子の両親は納得しなかった。
娘は、いじめを苦にして自殺したのだと主張したのである。
学内でもその噂はあった。いじめの首謀者は武藤茂也。父親は警察幹部だ。
常に取り巻きに囲まれているが、目立つような事は一切やらない。
表には立たず、裏から指示する類の人間であった。
当然ながら、いじめの事実を肯定するわけがない。逆に、名誉棄損で訴えると言いだす始末である。

その勢いに同級生全員が追従した。触らぬ神に祟りなしというわけだ。高井さんも沈黙を選んだ。

これでは学校側も手の打ちようがない。

三学期が始まる頃には、青木聖子の存在どころか名前すら話題に上らなくなった。

こうして、青木聖子という少女は人々の記憶から消えた。

それを無理矢理思い出させる事件が起きたのは、聖子の一周忌の日だ。

件《くだん》の溜め池で人が亡くなったのである。

近くの農家の主婦であった。自殺するような人物ではなく、日常生活においても特に問題はなかったため、事故として処理された。

この主婦の死が幕開きであった。それから毎年、聖子の命日になると溜め池で人が死ぬようになった。

三年間で三人の人間が溜め池に浮かんだのである。

亡くなった三人は、農家の主婦、サラリーマン、小学生。いずれも青木聖子と無関係である。

それまで溜め池周辺には、防護柵どころか注意を促す看板すら無かったのだが、あまりの事態に行政が動いた。

遅すぎるという批判もあったが、これほど連続して事故が起こることなど、予想できるわけがない。

溜め池そのものは、どうしても必要なものであり、埋め立てるわけにはいかない。急ごしらえではあるが、金網のフェンスが張り巡らされた。


高校生になっていた高井さんは、溜め池で人が死ぬ度、青木聖子のことを思い出したという。

高井さんのクラスでも、聖子の噂は皆が知っていた。祟りだという声が圧倒的である。

その声を肯定するように、その後も溜め池は着実に人を飲み込んでいった。

毎年ひとりずつのため、特別扱いのニュースにはならない。地元の人間だけが知る出来事だ。

いつしか溜め池は、人食い沼と呼ばれるまでに至った。

人々は祟りを確信し、溜め池の周辺は一気に寂れた。

一度、妻を亡くした男が青木家に押し掛けたことがある。男は、おまえの娘のせいだと怒鳴《どな》ったらしい。

対応に出た青木聖子の父親は、無表情でこう答えたそうだ。

「祟りなどというものは、私は信じていません。なんともお詫びのしようがありません」

結局、押し掛けた男は何ひとつ解決できずに帰るしかなく、腹いせに父親の冷たい応対を言いふらしたのである。

十人目が亡くなった時、さすがにこのままではいけないという意見が数を増していった。

いっそのこと、溜め池を埋めてしまってはどうか。

行政が拒否しようが、付近の農家が抗議しようが構わない。有志一同で作業にかかればいい。

そこまで話が進んだのだが、では誰がとなると手を挙げる者は現れなかった。高井さんの家にも参加の誘いは来たのだが、父親が丁寧に断っていたのを覚えているという。

そろそろ十一年目がやって来ようとしていた。
手の打ちようがなく、焦燥する住民一同に嬉しい知らせが訪れた。
いじめの首謀者だった武藤茂也が急死したのだ。
祟りなどではなく、死因は何と急性アルコール中毒であった。
何でも構わない、とりあえずこれで治まる。
皆が安心したのも束の間、またもや溜め池は犠牲者を出した。
今回も青木聖子とは面識すらない老人であった。
最も憎いはずの相手が死んだのだから、目的は達成したはずだ。
もしかしたら、武藤茂也が死んだことを青木聖子は知らないのでは。
住民の主だった者が集まって相談しあった。
誰かが伝えればいいのではないか。
が、誰も動こうとしない。あの池に近づくのが怖いのだ。
そもそも、武藤茂也が死んだことをどうやって知らせるつもりか。
池に向かって叫ぶのか。手紙でも流すか。
それよりも手っ取り早いのは、聖子の仏壇に報告することだ。

どう考えても、それが最良の方法に思えると意見がまとまった。

住民代表が青木家を訪ね、頭を下げた。

青木聖子の父親は、以前と同じく無表情のまま答えたという。

「そんなことを伝えるつもりはない。第一、聖子は仏壇になどいない。あの溜め池にいる」

だったら、いい加減に止めさせないと娘さんはいつまで経っても成仏しない。

そう持ち掛けたのだが、父親は頑として拒否を続けた。

「娘は誰でも構わないんだと思いますよ」

冷たく言い放ち、父親は皆を追い出した。


今でも青木聖子の命日には、必ず人が死ぬという。

地元の人たちは、年中行事としてあきらめているそうだ。

よびかける

「足が棒のようにって比喩、いまいち同意しかねるんですよね」と、Sは微笑《ほほえ》んだ。笑うと、褐色の肌に真っ白な歯が浮かぶ。日焼けは趣味であるマラソンの成果だと言うが、走りはじめたきっかけには、彼の仕事が深く関わっているらしい。

営業だった。それも、企業まわりではなく戸別訪問のセールス。身元が割れるのを防ぐため具体的な商材は明かせないが、聞けば皆「いくら家を訪ね歩いたところで、それほど売れるのかしらん」と首を傾げるような代物である。

「もちろん簡単には売れませんよ。だから数を稼ぐしかないんです」

朝礼を終えると、さながら戦地に赴くかのごとく勇ましく、見送られつつ街へ出る。住宅、マンション、団地、アパート。一日で百軒以上を訪問することも珍しくない。靴は三ヶ月で穴があく。「チャイムを鳴らす人さし指の指紋が消えたら一人前だ」と先輩からは教わった。「ですから、足は棒になりません」と彼は笑う。

「足はキツツキになるんですよ。歩きすぎると、自分の意思とは無関係に腿《もも》や脹脛《ふくらはぎ》が痙攣《けいれん》するんです」

その日は、〈キツツキ〉がとりわけ非道い一日だった。行く先はことごとく不発、ようやく話を聞いてもらえたと思っても、あと一歩のところで契約に至らない。

「売り上げが不振な月だったので焦りました。で、歩いて、ひたすら歩いて……」

せめて一件だけでも契約を取りつけて帰社したい。その思いが普段は足を向けない地域、町はずれのちいさな公営団地へと足を向けさせた。

建ちならぶ棟は全体に生気がない。昨日までの雨が沁みたのか、コンクリの外壁に黒い亀裂が浮いていた。傍らの空き地はかつて子供たちの遊び場だったようで、錆《さ》び付いた遊具がブルーシートで覆われている。危険だと物言いがついたのか、それとも子供自体がこの団地からいなくなったのか……伸び放題の雑草が、久しく誰も敷地に立ち入っていない事実を無言で告げていた。

震える足を気力で動かしながら階段をのぼる。一階は不在、二階も全滅。三階では初老の女性がひとり応対してくれたが、自分を見ても手を合わせるばかりでまったく話が噛み合わず、結局こちらから切りあげた。

叱られても良いからこのまま帰ろうか。そんな誘惑を振りはらい、四階をめざす。

表札のかかっていないドアの前に立ち、郵便の投函口を確認する。チラシや新聞の類は残っていない。長らく不在なのか、もしくは誰か生活しているのか。後者であることを祈りつつチャイムを押したが、反応はなかった。

諦めて立ち去ろうと一歩下がった瞬間、き、きい、とドアノブが微かに動いた。

おい、居留守かよ。

小さく舌打ちをして、とっさにノブを握る。予想に反し、ドアはすんなり開いた。

「ごめん……ください」

やや戸惑いつつ室内を覗く。玄関に靴はなく、壁には二年前のカレンダーが下がっている。一見したかぎり無人のようだが、暗い廊下の向こうからなにやら低い音が、ぅゔん、ゔゔゔん、と聞こえている。

冷蔵庫っぽい……ってことは、人が暮らしているのか。訝《いぶか》しみつつ、もう一度声をかけようと息を吸った、その数秒後。

「おとぅさんは、いませぇん」

幼い声が奥の部屋から届いた。

もしかして……子供がひとりで留守番しているのか。パンフレットだけでも置いて帰ろうと鞄をまさぐりながら、再び呼びかける。

「お家の人、何時くらいに戻るかなあ」

奥の部屋に向かって呼びかける。一拍置いてから「おかぁさんはいませぇん」と、くぐもった返事が聞こえた。

なんと説明すべきか。逡巡していたその矢先、鞄のなかの指がちいさなかたまりに触れた。飴の小袋。食事がとれない場合を危惧し、つっこんでいたのを思いだす。

「ねえ、飴あげようか。いるんでしょ、ちょっと出てきてよ」

努めてほがらかな声色で叫ぶ。途端に、ゔゔゔ、という唸《うな》りが止んだ。静寂のなか返事を待つ。五秒、十秒。いよいよしびれを切らして「あのさ」と漏らした直後、

「もうぼくもいませぇえん」

足音だけがこちらめがけてどたどたどたどたと向かってきた。

その後の記憶は明瞭《はっき》りしない。気がつくと、団地そばのドブ川にかかっている橋のたもとで座りこんでいた。階段で足でも滑らせたのか、脛《すね》から血が滲《にじ》んでいる。靴が片方なくなっていたが、探しに行こうとは思わなかった。

以来、Sはマラソンをはじめた。

いまさら転職できるとも思えず、ならば「なに」に遭っても逃げられるよう、己を鍛えたかったのだそうだ。幸か不幸か、その健脚を活用する機会は訪れていない。

「まあ、おかげで営業まわりがスムーズになりまして。成績も好調ですから、怪我の巧妙と喜ぶべきなんでしょうけどね」

彼は再度白い歯を見せ微笑《ほほえ》んだ。目だけが笑っていない。あの団地には、いまでも足を向けないようにしている。

さしのべる

Mは繁華街を好まない。都心近郊に暮らす普通の務め人であるから、駅前や雑踏を避けては暮らせないのだが、それでもなるべく近づかないように努めている。なんでも、会いたくない人物がいるのだという。

「十年以上前、学生時代の話ですから……忘れても良さそうなものなんですけどね」

師走の夕暮れ、アルバイトに向かう途中だの出来事であったという。

クリスマスを二、三日前に終えて、街には賑やかさの余韻が残っていた。片づけを怠《おこた》ったのか年末の喧騒に相応《ふさわ》しいと思ったのか、数軒の店では電飾がいまだ鮮やかに点滅している。その様子を眺めながら、Mは雑踏を闊歩《かっぽ》していた。

と、鼻先に突然なにかを突きつけられて、彼は足を止めた。見ればそれはポケットティッシュで、カラオケボックスのちいさなチラシが封入されている。

彼はそのティッシュを手ではらいのけた。驚いたすえの咄嗟《とっさ》の行動だったが、ではなにがそこまでMを驚かせたのかといえば、「腕」なのだという。

差しだされた細い腕が、ぎょっとするほど傷だらけであったのだそうだ。

腕は手首から肘にかけて、あますところなく一文字の切り傷が刻まれている。古い傷は桃色の肉が波うっており、新しいものとおぼしき痕は細い瘡蓋《かさぶた》に覆われ真っ赤に染まっていた。「子供の成長を記した柱のようだった」と彼はその瞬間を回想する。

「悪意なんてまるでなかったんですが……それでも、なんだか気まずくて」

はじいた手の甲にポケットティッシュのやわらかさを感じつつ、速度を緩めぬまま歩き続ける。と、背後で、ぽすん、という音に続き「……らな」と声が聞こえた。

振りかえった先に、路上へ転がるティッシュを拾う女が見えた。可愛らしい制服の襟《えり》まわりが、がばがばと大きく遊ぶほど痩せた女だった。

「ぜっ……すからな」

腕を地べたに伸ばしながら、女が再びなにごとかをつぶやく。こちらに向けられたまなざしに射すくめられて、思わず足を止め、顔を見つめる。

「あ」と声が漏れた。

女のブラウンの髪がわずかにずれ、そのすきまから滑り止めのネットと、もやしのヒゲを思わせるまばらな毛髪が覘《のぞ》いている。カツラか。二十代かそこらだと思っていたが、もしやはるかに年上なのか。それともなにかしらの理由で、実年齢より極端に老けこんでいるのか。改めて見れば女の肌には深い皺《しわ》が幾重にも刻まれており、それを隠すためか、漆喰《しっくい》のように白い顔料がべたべたと塗られていた。

「ファンデとかじゃないっぽい雰囲気でした。口紅やチークも絵の具みたいな色で」

無意識に唾をのむ。喉が、ぐう、と鳴る。それに反応するかのように、でたらめな子供の絵を思わせる化粧の女が、表情をぐしゃぐしゃに崩して呻《うめ》いた。

「ぜったいわたすからな」

声が、耳のすぐ近くで聞こえた。ふたりの距離は数歩ほど開いている。その意味を考えるより早く、Mは小走りでその場をあとにした。

それが、十年ほど前の話である。

そして、彼はいまだに悩んでいる。悩まされている。

人混みを歩いていると、ふいに「あの腕」が目の前へ突きでてくるようになったのだという。駅の地下通路、フリーマーケット会場、初詣に訪れた神社の境内。時間や場所に関係なく「腕」はあらわれた。ほんの一、二秒で消えるものの、それでも毎回ぎょっとすることに変わりはない。「驚く以外とりたてて害はない」と自分を慰めてみるが、やはり気分は沈む。だからMは、腕に遭いそうな雑踏へ足を向けない。

「面と向かって出てくれれば文句のひとつも言えるんですが……相手は腕ですからね」

一昨日はドラッグストアの店内で見ましたよ。彼は力なく言ってから、取材場所である喫茶店の、路上に面した巨大な窓へ視線を移した。ガラスの向こうには交差点を行き交う、にぎやかな人の群れが映っている。

うずくまる

工業地帯からほど近い、市道と県道が交わる十字路。緩やかにカーブしているが、見通しはけっして悪くない……そんな場所にもかかわらず、その道では自動車事故が毎年十数件ほど発生し、地元では「魔の交差点」と呼ばれていた。

Y氏も職場と家までの往復に「魔の交差点」を利用していた。もっとも、彼自身は禍々《まがまが》しい名称も、それにまつわる噂の数々（かつては首切り場があっただの、地蔵が撤去されてから事故が多くなっただの）も、あまり関心がなかった。

「だって僕、チャリ通勤でしたから。ああいうのはドライバーが怖がるんですよね」

残業を終えたある夜、彼は自転車で家路を急いでいた。

「好きな女優さんが主演している、新しいドラマの録画予約を忘れちゃって」

腕時計に何度となく目を遣りながら、必死にペダルを漕ぐ。焦っていたおかげで、自分が「魔の交差点」へ差し掛かっていたことにはまるで気がつかなかったという。

「おや」と思ったのは、人影が目に入った直後だった。

交差点の片隅、十字路を照らすオレンジの街灯の真下に誰かがうずくまっている。

膝《ひざ》を抱えた影は〈起き上がり小法師《こぶし》〉よろしく身体を前に後ろに揺すり続けていた。子供のようにも、痩せた老人のようにも見えた。

怪我……でも、したのかな。

様子をうかがう程度ならば、放送開始には間に合うだろう。心のなかで帰宅時間を逆算しつつ、屈んでいる人物へと近づく。

「あの、どうかしまし……」

言葉は最後まで続かなかった。

人影はしゃがみこんだ姿勢のまま、路上のちいさなかたまりを掌《てのひら》で転がしている。まるで幼子が車の玩具で遊ぶように、調理人が麺を打つため小麦粉をこねるように、影はなにかをぐりぐりぐりぐりぐり、とアスファルトに擦りつけていた。

「……い……たいな」

影がささやき、先ほどよりわずかに大きく動く。やはり顔は翳《かげ》って明瞭りしない。かろうじて、小石を繋ぎ合わせたように節くれだった指の輪郭が判別できる。

「……かいみたいな」

声がやや大きくなる。意味はあいかわらず解らない。古いビデオテープの劣化した音を思わせる、くぐもった声だった。と、その声に耳を傾けつつ妙な動作をぼんやり見つめていたY氏は、ふいに弄《もてあそ》ばれている「かけら」の正体に気がついた。

ちぎれたサイドミラーの破片。鏡面が粉々になった、車の部品。

瞬間、いま自分のいる場所が「魔の交差点」だと思いだす。そういえば、目の前の人物は街灯の下に座っている。ならばどうしてこれほど暗いのか。陰影が濃いのか。なぜ、灯りが届いていないのか。

思わずブレーキを握る。錆びたグリップが、き、と鳴るのと同時に影が叫んだ。

「もっかいみたいなぁ」

その意味するところが「もう一度見たい」なのだと察した数秒後、Y氏は勢いよくペダルを漕いでいた。

〈あれ〉はいったい「なに」をもう一度見たがっているのか。交通事故そのものか、それとも事故によって怪我を負った、もしくは亡くなった人間か。

答えを探す気はなかった。

家についても玄関先でしばらく動けず、結局ドラマは見逃してしまったという。

「や、別にあれが〈生きている人以外のなにか〉だったなんて断言はできませんよ。単に近所の人だった可能性も捨てきれないし、そもそも僕がビビった科白《せりふ》だって全然違う意味かもしれないんですから。でも」

そんなことはもうどうでも良いんです……と、Y氏は言葉を続けた。

「あれを見てしまったら、あの声を聞いてしまったら……理屈なんてものは、慰めにしかならないんですよ。思うことはたったたひとつ」

もう二度と遭いたくない、それだけです。

彼はそれから職を辞するまでの三年間、帰路を変更して過ごした。

十字路はいまも同じ場所にあり、あいかわらず年に十数件の事故が起こっている。

たわむれる

「乱れない人でした」

Kは実父の人柄をふりかえるとき、かならずそんな言葉で回想をはじめる。

事務職として四十年あまりおなじ会社で勤めあげた人物。洒落《しゃれ》っ気に乏《とぼ》しく口数はすくなく、これといった趣味もない人物。ときおり宴席へ顔をだしてから帰宅しても「水を飲んできたのではないか」と疑うほど、素面《しらふ》と変わらない人物。

捉え方によっては堅実で実直な人のように思えるが、当の息子にとってはいささか窮屈な性格であったようだ。その結果が「乱れない人」という総評なのである。

乱れない人でした。でも。

冒頭とおなじ科白を口にしてから、Kはおもむろに言葉を添える。

「でも、一度だけ……彼が混乱するさまを目にしたことがあります」

父が五十ちょうど、彼が小学生の頃であったという。

いつもよりもわずかに遅く帰ってきた父が、汗だくで靴を脱ぐなり「酒を飲む」と母に告げた。晩酌の習慣を持たない人物だったから買い置きなどない。母は台所中を漁り、ようやくお中元にもらった箱詰めのビールを見つけだした。

息子であるKにとっても、この発言はたいそうな驚きであったようだ。座卓の前で黙々と温《ぬる》いビールを空にしていく父を見るうち、彼は好奇心を抑えきれなくなった。

「お父さん、なんで今日はお酒飲んでるの。良いことあったの」

問いに答える気配もなく、泡の残ったグラスをじっと見つめていた父が、やがて「酔っぱらった所為《せい》にしたくてな」と漏らした。

帰宅途中……すなわち、我が子が質問した時刻から十数分前。いつもの帰路を闊歩していた父は、ふと、誰かの気配を感じたのだという。

あたりを見まわすと、ちいさな祠《ほこら》が目に入った。それは、交通事故で命を落とした児童を供養するために建てられた地蔵堂で、なかには幼子ほどの背丈の、可愛らしい石地蔵が三体ならんでいる。

その地蔵が、笑っていた。

いつものたおやかな微笑ではない。口の端を歪めてにたにたと笑いながら、三体の地蔵は前屈みの姿勢でなにかを注視している。

視線の先には、供えられた箱菓子や饅頭が小山を作っていた。


「ばかみたい」

確かに声は地蔵の口から聞こえた。冷静に考えれば、石彫りの人形が姿勢を崩していることがすでに異様なのだが「そのときは〝地蔵が口をきいている〟衝撃が強く、細かな異変はあまり気づいていなかったのだ」と、父は誰にともなく弁明した。

地蔵は互いを肩で小突きながら、愉快そうに声をかけあっている。

「しんじてばかみたいだ」

「いしなのに」

「いしでしかないのに」

言葉の意味を理解した瞬間、父は足音を立てぬように祠の前を去り、角を曲がった直後に駆けだした。

「玄関の戸に手をかけるまで、背後で地蔵が笑っているような気がして……なんとも怖ろしかった」

父はそこまでを途切れ途切れに話してから、ひとこと、「それもこれも、酒なんか飲んだ所為《せい》だ。酔って変なものを見ただけだ」と言うなり、畳に寝転がった。

母がいびきを掻きはじめた父に毛布をかける。それで、話はおしまいになった。


「子供心にもおかしかったですよ。だって、怪異の目撃と酔っぱらったのと、順番がまるきり逆じゃないですか。〝よほど怖かったんだな、頑固な親父にもおっかないものがあるんだな〟と、すこしだけ父に親しみをおぼえましたね」

以降、父がその話をすることは一度もなかった。退職し、すっかり好々爺《こうこうや》となった現在も、その出来事だけはうまい具合にはぐらかされてしまうのだとKは苦笑した。

地蔵堂はいまもある。

よがあける

午前四時半、馴染みのバーのカウンターで突っ伏していた。つきあってくれていたマスターも眠気に負けたのか、スツールに腰かけて船を漕いでいる。

「いえで、ねようよ」

背中に掌《てのひら》がそっと触れ、直後に妻の声が聞こえた。「解った」と口ごもってから、飛び起きる。

妻は半月前に癌で逝った。今夜だって、その悲しみを紛らわすためにバーを訪れ、自分を置いてけぼりにした伴侶をさんざん責めたのだ。泣きながら、なじったのだ。酔っていたんだ。自分に言い聞かせてはみたが、背中にはまだ掌の温もりがある。「ありがとう」と呟いてコートを羽織る。自分が言われたと思ったのか、マスターが寝ぼけながら「元気だせよ」と答えた。

ドアを開けると、東の空がうっすら明けていた。

家に帰ったら、久々に朝食でも作るかと考えながら歩きだす。

「そんなことが、あったんですよ」

ここで。

たまさか入ったバーで隣り合わせになった男性は、そう言って嬉しそうにグラスを空けた。カウンターの奥では、マスターがやはり微笑みながら頷いている。

しわがれる

この原稿に取りかかる半月ほど前、「いっぺん会ったほうが良いから」と、知人に勧められるまま、ある女性と邂逅《かいこう》した。〈人ではないモノ〉と交信できると公言して憚《はばか》らない人物である。

正直、気乗りはしなかった。これまでの経験から鑑《かんが》みるに「いまの仕事はよろしくない」だの「背後に悪いモノがひしめいている」だの半ば脅しめいた忠告をされるに決まっていたからだ。知人の顔を立てて女性の住む某県まで赴いてはみたが、徒労に終わるとあらかた解っているものだから、いまいち旅行気分にもなれない。「せめて帰りに名物でも食べていこう」と己を宥《なだ》めていた矢先、待ち合わせた店の入り口からこちらのテーブルめざして若い女性がひとり、脇目もふらずまっすぐに歩いてきた。

「あ、はじめまして。黒木と……」

「次の本では、〈声〉が深く関与する話を書いてくださいね」

「え、あの」

交わした言葉は、これだけ。言い終えるや女性はくるりと背を向けて、来たときとおなじ早さで退店していった。

なんだ……あれ。

呆気にとられたまま後ろ姿を見送るうち、私はひどく腹が立ちはじめた。

あれはきっと彼女の「戦略」なのだ。ああやって思わせぶりな言葉を投げつけて、相手を不安にさせる計画なのだ。当たらなければそれまで、たまさか的中した暁には「それ見たことか」と得意顔で再来し、祈祷だの除霊だのを高額で押しつけてくるに違いないのだ。

そんな謀略になど乗ってやるものか。

半ば意地になり「絶対〈声以外の怪異〉を記そう」と心に誓って、私は取材場所をあとにした。結局、名物の類は食べそこねた。

そして。

帰宅したその瞬間から、私はまったく声が出なくなったのである。

嗄《しゃが》れたなどという易《やさ》しいものではない。「おはよう」が「ひぃぃ」という息にしかならないのだ。丸めた紙を喉の奥へ押しこまれたような、生涯初の不快感だった。

翌日、翌々日を経てもまるで回復の見こみはなく、しぶしぶ医者に行くと「声帯が異様に腫れていますす」とたいそう驚かれた。「煮立った湯を一気飲みしましたか」と冗談まじりに言われたが、まるで笑う気になれなかった。

結局、再び発生可能になったのは受診から四日後の夜、取材ノートから「声にまつわる怪」を五話ほど選別し、本書に掲載するため書きあげた直後だった。最後の一文字を打ち終えた瞬間、「さっきまでの不調はいったい」と驚くほどにすんなりと声が漏れたのだ。

偶然だよと言われればそれまでだが、そのタイミングがあまりに秀逸で面白かったため、記録も兼ねてここに記した次第である。

そうそう、念のためにもうひとつ書き添えておこう。

脱稿してまもなく、私が発した第一声は「それでいい」だった。なぜそんな言葉を選んだのかは、自分でもいまだによく解らない。

著者紹介

我妻俊樹（あがつま・としき）
『実話怪談覚書 忌之刻』で単著デビュー。同シリーズ『有毒花』『水霊魂』『冥妖鬼』や「奇々耳草紙」シリーズなど。共著では「FKB饗宴」「てのひら怪談」「ふたり怪談」「瞬殺怪談」等シリーズ、『猫怪談』『怪談五色 破戒』など。

小田イ輔（おだ・いすけ）
黒木あるじ推しで『FKB饗宴5』でデビュー。以来精力的に執筆。『FKB怪幽録 呪の穴』「実話コレクション」シリーズ、共著に『極・百物語』など。新作は『実話コレクション 邪怪談』。

黒木あるじ（くろき・あるじ）
『怪談実話 震』で単著デビュー以降、精力的に執筆している。「無惨百物語」シリーズ、『全国怪談 オトリヨセ』『怪の放課後』『怪の地球儀』『怪社奇譚 二十五時の社員』『怪談売買録 拝み猫』『怪談実話傑作選 弔』など。共著には「FKB饗宴」「怪談五色」「ふたり怪談」「瞬殺怪談」等シリーズ、『猫怪談』など。

小原猛（こはら・たけし）
沖縄在住。沖縄の民話や怪談、マジムン（妖怪）がフィールドワーク。著書に『琉球怪談』、「沖縄の怖い話」シリーズ、『琉球妖怪大図鑑』など。

神薫（じん・かおる）
静岡在住現役の眼科医。『怪談女医 閉鎖病棟奇譚』『骸拾い』など、共著に「FKB饗宴」シリーズ、『恐怖女子会 不祥の水』「瞬殺怪談」シリーズ、『猫怪談』など。

つくね乱蔵（つくね・らんぞう）

『恐怖箱　蛇苺』で単著デビュー。『恐怖箱　厭魂』『恐怖箱　厭怪』など。共著に「怪談五色」「百物語」等シリーズ、『瞬殺怪談　刃』など。長編小説に『ぼくの手を借りたい。』など。

百目鬼野干（どうめき・やかん）

地方にあるバーの店主であり、地元ではライターとしての顔も持つ。怖い話好きが高じて最近は店の客からネタを聞きまわっているとか。再登場。

冨士玉女（ふじ・たまめ）

怪談を聞いたり読んだり語ったりするのが好き。普段はサラリーマンとして生きている。前作『怪談四十九夜』に続き登場。

真白　圭（ましろ・けい）

新潟県出身。『怪談実話コンテスト傑作選　痕跡』でデビュー。単著に『生贄怪談』など。共著に『怪談実話競作集　怨呪』など。

吉澤有貴（よしざわ・ゆうき）

上条麗南のペンネームで官能作家デビュー。実は無類の怪談好きで、吉澤名にて『FKB怪談幽戯』で怪談を初披露。単著に『呪胎怪談』など。共著に『怪談実話二人衆　嬲』『極・百物語』『瞬殺怪談　刃』など。